Historia del Cristianismo

Una guía fascinante sobre momentos cruciales de la historia cristiana, que incluye eventos como la vida y las enseñanzas de Jesucristo, la iglesia antigua y la Reforma

© **Copyright 2020**

Todos los derechos reservados. Ninguna parte de este libro puede reproducirse de ninguna forma sin permiso por escrito del autor. Los revisores pueden citar breves pasajes en las revisiones.

Aviso Legal: ninguna parte de esta publicación puede ser reproducida o transmitida de ninguna forma o por ningún medio, mecánico o electrónico, incluyendo fotocopias o grabaciones, ni por ningún sistema de almacenamiento y recuperación de información, ni transmitida por correo electrónico sin permiso por escrito del editor.

Si bien se han realizado todos los intentos para verificar la información proporcionada en esta publicación, ni el autor ni el editor asumen ninguna responsabilidad por errores, omisiones o interpretaciones contrarias de la materia en este documento.

Este libro es sólo para fines de entretenimiento. Las opiniones expresadas son las del autor solo y no deben tomarse como instrucciones u órdenes de expertos. El lector es responsable de sus propias acciones.

El cumplimiento de todas las leyes y regulaciones aplicables, incluidas las leyes internacionales, federales, estatales y locales que rigen las licencias profesionales, las prácticas comerciales, la publicidad y todos los demás aspectos de hacer negocios en los EE. UU., Canadá, el Reino Unido o cualquier otra jurisdicción, es responsabilidad exclusiva del comprador o del lector.

Ni el autor ni el editor asumen responsabilidad u obligación alguna en nombre del comprador o lector de estos materiales. Cualquier percepción leve de cualquier individuo u organización es puramente involuntaria.

Contents

INTRODUCCIÓN 1
CAPÍTULO 1: LA PROFECÍA SOBRE EL NACIMIENTO DE JESÚS 3
CAPÍTULO 2: VIDA Y ENSEÑANZAS DE JESUCRISTO 17
CAPÍTULO 3: LA IGLESIA TEMPRANA 44
CAPÍTULO 4: EL CRISTIANISMO SE PROPAGA POR TODO EL MUNDO 58
CAPÍTULO 5: CAMBIOS RADICALES DENTRO DE LA IGLESIA 72
CAPÍTULO 6: EL CRISTIANISMO EN LA ACTUALIDAD 89
CONCLUSIÓN 95
FUENTES 97
NOTAS 99

Introducción

¿Quién hubiera pensado que, desde sus humildes comienzos un pequeño grupo de seguidores de un hombre judío llamado Jesús (el cristianismo) se convertiría en menos de dos mil años, en la religión más extendida en la Tierra?

Alrededor del treinta y uno por ciento de la población mundial hoy en día es cristiana, lo que equivaldría a más de dos mil millones de personas y abarca prácticamente todos los países de todos los continentes. Cada año, el 25 de diciembre, de acuerdo con nuestro calendario moderno, los cristianos de todo el mundo celebran un evento muy especial: el cumpleaños de Jesús. Esta fecha llamada Navidad, marca el comienzo de todo, es el punto de partida de un viaje épico que ha cambiado radicalmente la historia. Sin embargo, quizás esto no fue donde realmente comenzó; otros podrían decir que su historia comenzó mucho antes, que él fue el Mesías tan esperado durante muchos siglos antes de su nacimiento que las escrituras judaicas habían predicho desde la antigüedad. De una u otra forma, el curso del desarrollo humano definitivamente se ha modificado desde hace un par de milenios. Incluso en aquellos lugares donde esta religión no fue una característica dominante en algún momento de su historia o nunca lo ha sido, como las Américas en la época de Cristóbal Colón o Asia Oriental, el cristianismo ejerció una influencia que alteró sus formas de vida tradicionales.

Desde sus orígenes en los reinos orientales del Imperio romano y luego su expansión a Europa por un lado del mundo y hasta India y China por el otro, el cristianismo nunca ha dejado de aceptar nuevos creyentes en sus dos mil años de historia.

¿Cuál es el atractivo del cristianismo? ¿Por qué se volvería tan popular y arraigado en tantas mentes y espíritus humanos?

Por un lado, el cristianismo "se proclama como destinado a todos los hombres sin distinción de raza o casta". Para los creyentes, así como para aquellos que no tienen fe en Jesús como hijo de Dios o incluso para aquellos que no siguen ningún credo religioso, la vida de este hombre, que también puede ser vista por algunos como el hijo de Dios y Dios mismo, es fascinante. Se las arregló para motivar a un grupo fuerte de seguidores firmes a difundir sus palabras, enseñanzas y acciones de tal manera que todavía atrae a miles de millones en todo el mundo hoy.

El nacimiento y desarrollo del cristianismo es una historia vasta y compleja llena de contratiempos y contradicciones, pero también de triunfos. Está intrincadamente entrelazado con el desarrollo del mundo en los últimos dos mil años, abarcando sociedades enteras, ayudando a construir y destruir imperios y moldeando la vida espiritual de personas de todas las razas y culturas. Los siguientes capítulos revelarán los principales aspectos que rodean esta fascinante saga.

Capítulo 1: La Profecía sobre el Nacimiento de Jesús

Predicciones Antiguas acerca de un Rey Especial

Durante siglos antes del nacimiento de Jesucristo, hace unos dos mil años, las personas de la fe judía esperaban lo que llamaban el Mesías: un hombre o incluso Dios mismo que descendía a la Tierra para salvar a la humanidad. La fuente de estas profecías mesiánicas está contenida en la Biblia hebrea, el Tanakh o Mikra, que consta de tres partes que resumen veinticuatro libros: la Torá, también conocida como el Libro de Moisés; los Nevi'im, donde se establecieron las revelaciones de los profetas; y los Ketuvim, que contienen Salmos, Eclesiastés y otros escritos.

La palabra Tanakh es en realidad un acrónimo, formado con la primera letra de las tres subdivisiones de los textos autoritarios hebreos y arameos masoréticos que contiene: T para Torá, N para Nevi'im y K para Ketuvim. Estos documentos se escribieron por primera vez alrededor del año 200 a. C. Sin embargo, antes de eso, habían pasado de una generación a otra en forma verbal.

Este manuscrito sagrado es básicamente el contenido de lo que los cristianos conocen como el Antiguo Testamento, la primera parte de la Biblia cristiana. Su división en capítulos y versículos llegó más tarde.

En algún momento, el Tanakh también contenía los libros deuterocanónicos, que comprenden textos como los Libros de los Macabeos, el Libro de Ezra, el Libro del Eclesiástico y el Salmo 151, entre otros. Deuterocanónico literalmente significa "canónico de segundo grado" de las palabras griegas de origen sumerio deutero, definido como "secundario" y canon, que se puede traducir como "regla" o "palo de medición". Aunque estos textos añadidos a la Torá original fueron aceptados como dogma en aquel entonces, tenían menos importancia.

Los libros deuterocanónicos se incluyeron por primera vez en la Septuaginta, la traducción griega de la Torá, que se escribió en el siglo III a. C. durante el período helenístico. Alrededor del año 95 EC, los principales rabinos judíos supuestamente reunidos en el Concilio de Jamnia (esta reunión no ha sido históricamente confirmada) ya habían decidido excluirlos como parte de sus textos sagrados, alegando que habían sido escritos en griego y no en la lengua judía original.

La mayoría de las iglesias protestantes tampoco aceptan los libros deuterocanónicos, creyendo que son apócrifos y principalmente cuentas no verificadas que no pertenecen al texto masorético canónico o dogmáticamente aprobado del antiguo Tanakh. Sin embargo, la Iglesia católica, los anglicanos, la Iglesia ortodoxa oriental y la Iglesia asiria del este, entre otros, los aceptan y los consideran canónicos.

La segunda parte de la Biblia cristiana, el Nuevo Testamento, contiene, entre otras escrituras, cuatro relatos diferentes sobre la vida y las enseñanzas de Jesús. Estos se conocen como los Evangelios, escritos por Lucas, Mateo, Marcos y Juan. Las historias de los primeros tres son relativamente similares, por lo que se consideran los Evangelios sinópticos porque se podría hacer una sinopsis o resumen con todos ellos juntos. Muchos de sus pasajes se parecen entre sí, y algunos incluso tienen exactamente la misma escritura. Por otro lado, el Evangelio de Juan varía significativamente de los primeros tres en muchas de sus historias.

La colección de predicciones señaladas por profetas como Samuel, Jeremías, Daniel e Isaías contenidas en el Antiguo Testamento son sancionadas por todos los cristianos en la actualidad. Estos hombres predijeron que un Mesías restauraría el reino de Dios en la Tierra y que, a partir de entonces, este reino "duraría para siempre". También creían que este salvador vendría de la casa de David, el famoso rey judío que vivió alrededor del año 1000 a. C. en lo que muchos llaman "la Edad de Oro de Israel". El Antiguo Testamento declara que el profeta Natán le dijo a David que "el Señor mismo establecerá una casa para ti... Levantaré tu descendencia para que te suceda... Estableceré tu reino". Él es quien construirá una casa para mi Nombre, y yo estableceré el trono de su reino para siempre" (2 Samuel 7).

Tanto el linaje de María como de José, la madre y el padre terrenal de Jesús, se remontan al mismo rey David. En el Nuevo Testamento, solo Mateo y Lucas proporcionan esta genealogía, e incluso entonces, difieren un poco, lo que ha hecho que algunos eruditos modernos descarten este linaje de David a Jesús y lo tomen como una invención. Ciertamente se ha discutido mucho sobre este punto, sin embargo, los extractos de la Casa de David anotados en la Biblia lo han convertido en una parte intrínseca de la doctrina y el dogma del cristianismo y de sus enseñanzas axiomáticas.

Se considera especialmente que el profeta Isaías del siglo VIII a. C. predijo la llegada de Cristo. El Antiguo Testamento lo cita diciendo que "porque para nosotros un niño nace, para nosotros se nos da un hijo; y el gobierno estará sobre su hombro, y se llamará consejero maravilloso, Dios poderoso, Padre eterno, Príncipe de paz. Del aumento de su gobierno y de la paz no habrá fin, en el trono de David y sobre su reino, para establecerlo y sostenerlo con justicia desde ahora y para siempre" (Isaías 9: 6- 7). Este extracto es sumamente importante para los cristianos porque establece claramente algunos de los problemas más importantes que rodean a Jesús como el hijo de Dios y su reino eterno. Este verso de Isaías se cita inevitablemente durante cada celebración de Navidad. El pasaje claramente habla sobre la encarnación y la divinidad de Cristo, el cual podría gobernar un reino para siempre. Ninguno de los reyes judíos terrenales realmente se ajustaba a las profecías, pero la vida y las ideas de Jesús se alinearon con esta imagen mesiánica de una manera perfecta.

En cuanto a quién sería este Mesías, es clave para comprender cuándo el judaísmo y el cristianismo comenzaron a seguir sus propios caminos. Aquellos que creen en las enseñanzas del judaísmo todavía están esperando que llegue ese salvador. La idea de este salvador para el pueblo judío es restablecer un "reino unido" con todas las doce tribus hebreas dispersas de la antigüedad, sin embargo, creen que quien lo haga debe ser un ser humano de carne y hueso, un rey físico terrenal. Los seguidores de Jesucristo decidieron lo contrario. ¿Cómo sería su reino? Sí, sería eterno, pero sería para todas las personas en la Tierra, no solo para el pueblo judío, y no estaría dominado por un ser humano, sino por Dios mismo. Él sería el rey supremo, del que habló Isaías, el que gobernaría sobre todos los que estuvieran dispuestos a seguirlo, y estos seguidores no necesitaban ser exclusivamente descendientes de hebreos.

Entonces, Jesucristo nació judío y dentro de la religión y las tradiciones judías. Las circunstancias que rodearon su nacimiento también fueron profetizadas. Por ejemplo, algunos profetas antiguos ya habían descrito que este salvador de la humanidad vendría de una "concepción virgen". Isaías le dijo a Ocozías, el rey de Israel durante su tiempo, que "por lo tanto, el Señor mismo te dará una señal; he aquí, una virgen que concebirá, y dará a luz un hijo, y le pondrá por nombre Emanuel" (Isaías 7:13). Emanuel significa "Dios con nosotros".

La Virgen con el niño

Los eventos que rodearon el nacimiento de Jesús son quizás algunos de los relatos más conocidos de todos los tiempos. Parte de su atractivo proviene del hecho de que toma prestados muchos conceptos de otras religiones y credos, como el nacimiento milagroso de un dios o "elegido", por ejemplo, una noción que también se puede ver en los zoroastrianos, egipcios, hindúes y creencias budistas.

La madre de Jesús, María, era una joven judía de la ciudad galilea de Nazaret, ubicada en la parte norte del actual Israel, un área que en el siglo I a. C. era parte del Imperio romano. Es en este lugar donde un ángel, Gabriel, anunció a María que concebiría y daría a luz a un hijo y que él sería el hijo de Dios. Ella le dijo a Gabriel que esto no podía ser porque era virgen, y él respondió que la concepción sería posible porque "el Espíritu Santo vendrá sobre ti" (Lucas 1:35). Gabriel le dio instrucciones de que este hijo se llamaría "el Hijo del Altísimo". María terminó llamándolo Jesús, "Yeshua" en arameo, una contracción de Yehoshuah. "Yhwh es salvación". Este era un nombre común. en Judea en aquel entonces.

María estaba comprometida en ese momento con José, también un hombre judío cuyo linaje estaba vinculado al rey David. Sin embargo, no hay mucha información disponible sobre él. José apenas se menciona en los Evangelios de Lucas y Mateo, y no hay referencias sobre él en los otros dos. Se cree que nació en algún lugar alrededor del año 100 a. C. y que era carpintero o artesano de la madera.

Además de las profecías establecidas en el Antiguo Testamento, solo dos de los Evangelios, nuevamente Lucas y Mateo, hablan sobre la concepción milagrosa de María. Sin embargo, ambos evangelios son bastante diferentes.

Mateo se enfoca más en José, mencionando cómo descubrió que María estaba embarazada justo cuando estaban a punto de casarse. Afirma que al principio José decidió romper el compromiso discretamente para no avergonzarla en público. Durante esos tiempos, si se corría la voz de que una mujer tenía un hijo fuera del matrimonio, sería lapidada hasta la muerte. Luego, Mateo relata que un ángel visitó a José y le dijo que no se preocupara, que el niño que María llevaba era el hijo de Dios, concebido por el Espíritu Santo, por lo que José decidió quedarse con ella y convertirse en el padre terrenal de ese niño. Mateo también escribe que él no tuvo "relaciones matrimoniales con ella antes de que ella diera a luz", lo que implica vagamente que se convirtieron en una pareja después de eso.

Por otro lado, el Evangelio de Lucas es el único que establece todo el diálogo entre María y el ángel Gabriel, donde ella dice explícitamente que es virgen. Con respecto a José, Lucas simplemente menciona que María fue "prometida en matrimonio" a él, sin mencionar nada acerca de la conversación de José con el ángel.

Hay tres conceptos importantes: la Inmaculada Concepción, la concepción virginal y el nacimiento virginal, que se relacionan con el propio nacimiento de María, su embarazo y el momento en que comienza el parto.

Mateo establece que María quedó embarazada por el Espíritu Santo y no por tener relaciones sexuales con José, siendo esta la llamada concepción virginal. "Mientras su madre, María, estaba comprometida con José, pero antes de que se unieran, se descubrió que estaba embarazada por medio del Espíritu Santo" (Mateo 1: 18-20).

El "nacimiento virginal" se refiere al hecho de que María era virgen cuando concibió a Jesús y que también permaneció virgen hasta después del nacimiento de su hijo. La doctrina de la Iglesia católica afirma que ella permaneció célibe durante toda su vida, lo que significa que no tuvo relaciones sexuales con José en ningún momento, por lo que la descripción de la Iglesia católica es que María es "siempre virgen". En griego es Aeiparthenos, el cual es un término ampliamente utilizado en las liturgias ortodoxas, aunque no todas las iglesias ortodoxas aceptan el término hoy en día.

Estos conceptos están muy profundamente entrelazados con la doctrina de la Inmaculada Concepción católica, lo que significa que María no solo era virgen, sino que también estaba libre del pecado original. El Antiguo Testamento afirma que todos los seres humanos desde Adán y Eva han estado viviendo en pecado. Sin embargo, María, Jesús y su primo, Juan el Bautista, estaban exentos de ello. Esta doctrina se incorporó al credo católico romano en 1854 bajo el gobierno del papa Pío IX. Estableció el dogma de que "la Santísima Virgen María fue, desde el primer momento de su concepción, por una singular gracia y privilegio de Dios todopoderoso y en virtud de los méritos de Jesucristo, Salvador de la raza humana, preservada inmune de toda mancha del pecado"[i].

Básicamente, todos los cristianos están de acuerdo con la doctrina de la concepción virginal, pero la mayoría de las iglesias protestantes no aceptan los conceptos de la Inmaculada Concepción y el nacimiento virginal. Todas estas ideas también han sido ampliamente discutidas y analizadas por teólogos, historiadores y académicos. Han sido el centro de muchos debates, particularmente durante los primeros tres siglos después de la muerte de Cristo, pero aún continúa hasta nuestros días.

Hubo otro anuncio que el ángel Gabriel le dijo a María en el momento de su visita: que su prima, Isabel, también iba a dar a luz a un niño a pesar de que ya era de edad avanzada. Entonces, María fue a visitarla. En el momento en que Isabel vio a su prima, supo inequívocamente que María también estaba embarazada y que tenía el hijo de Dios en su vientre. "Eres la más bendecida de todas las mujeres, y bendito es el hijo que tendrás. Me siento bendecida de que la madre de mi Señor me esté visitando. Tan pronto como escuché tu saludo, sentí que el bebé saltaba de alegría", afirmó (Lucas 1: 42-45).

El ángel Gabriel se le había aparecido de antemano al marido de Isabel, Zacarías, diciéndole que ella tendría un hijo. Dio instrucciones de que el bebé se llamara Juan e informó a Zacarías que su nacimiento sería sin pecado original (que el bebé sería lleno del Espíritu Santo). "Él será su orgullo y alegría, y muchas personas se alegrarán de que haya nacido. En lo que respecta al Señor, será un gran hombre... Será lleno del Espíritu Santo incluso antes de nacer. Él traerá a muchas personas en Israel al Señor su Dios... él preparará a las personas para su Señor", le dijo a Zacarías (Lucas 1: 13-17).

Este bebé, de hecho, finalmente jugó un papel importante en la vida de Jesús. Luego se convirtió en Juan el Bautista, quien bautizó a su primo lejano muchos años después en el río Jordán, y probablemente por eso recibió el regalo especial de nacer sin pecado original. Según los Evangelios, cuando Jesús salió del agua, Juan "vio el cielo abierto y el Espíritu bajando hacia él como una paloma" (Marcos 1:10).

La Iglesia cristiana tomó este importante simbolismo más adelante para desarrollar el concepto de la Trinidad, que afirma que, aunque Dios es uno, está representado en tres entidades consustanciales: el Padre, el Hijo (Jesucristo) y el Espíritu Santo. Por lo tanto, las personas son bautizadas con la famosa fórmula trinitaria "en el nombre del Padre, y del Hijo, y del Espíritu Santo".

El Niño ha nacido

Los eventos que rodearon el nacimiento de Jesús fueron bastante dramáticos y profundamente hermosos también. Poco tiempo antes de la fecha de parto de María, el emperador romano Augusto envió un decreto declarando que se haría un censo dentro de las provincias romanas. Como la familia de José era de Belén, tuvo que regresar para cumplir con las instrucciones del emperador. Fue un viaje muy largo y arduo desde Nazaret, especialmente difícil con su esposa en estado avanzado de embarazo. Una vez que llegaron, todas las posadas estaban completamente llenas. No había ningún lugar para quedarse, y a nadie parecía importarle que esta mujer muy joven, que acababa de llegar de un viaje agotador, estuviera a punto de dar a luz (las estimaciones indican que María tenía entre catorce y dieciséis años en ese momento).

El único refugio que José consiguió fue un establo, y allí, entre un burro, un buey y una oveja, María dio a luz a Jesucristo. Ella "lo envolvió en tiras de tela y lo puso en un pesebre" (Lucas 2: 6-7). Poco después, llegó un grupo de pastores. Dijeron que un ángel les había dicho que necesitaban ver "al Mesías, el Señor" (Lucas 1:11).

Algún tiempo después del nacimiento de Jesús, el grupo recibió otra visita muy especial: tres reyes magos que llegaron de lugares lejanos del mundo, queriendo ver al hijo de Dios y llevando regalos lujosos. Sus nombres no se mencionaron en los Evangelios, pero los relatos posteriores los identifican como Melchor de Persia, Gaspar de India y Baltazar de Arabia. Dependiendo de la Iglesia, también reciben otros nombres. Por ejemplo, los cristianos sirios se refieren a ellos como Larvandad, Gushnasaph y Hormisdas. Otras iglesias orientales los llaman Hor, Karsudan y Basanater, y los católicos armenios usan los nombres Kagpha, Badadakharida y Badadilma.

Sin embargo, ¿quiénes eran estos hombres exóticos? ¿Cuál es su significado? Lucas, el narrador más exacto de la vida de Jesús, nunca los mencionó, por lo que la información que tenemos sobre Melchor, Gaspar y Baltazar proviene de relatos vagos en el Evangelio de Mateo. Hay elementos en su historia que seguramente fueron tomados de otras tradiciones. Una creencia persa, que involucra a un mago (la forma singular de los magos; así se llamaba a los miembros de una casta sacerdotal en la antigua Persia), afirma que el avistamiento de una estrella predijo el nacimiento de un gobernante, y algunas comunidades de Asia Central también afirmaron que eran descendientes de un mago. También hubo muchos reyes que tenían astrólogos, muchas veces llamados magos, en sus cortes, todos interpretando los elementos del cielo a su manera.

En resumen, hay poca información histórica sobre estos tres hombres, pero su historia verdaderamente romántica es bastante atractiva y ha lanzado un hechizo generalizado a lo largo de los siglos. Su viaje épico, la forma en que fueron guiados desde áreas remotas hacia este bebé llamado Jesús, y su rica ropa y lujosos regalos han fascinado y despertado la imaginación de muchos a lo largo de los siglos.

Según el Evangelio de Mateo, los Reyes Magos llegaron desde el Este a Jerusalén y preguntaron: "¿Dónde está el que nació para ser el rey de los judíos? Vimos su estrella en ascenso y hemos venido a adorarlo" (Mateo 2: 1-12).

El gobernante de la provincia de Judea en ese momento, el rey Herodes I, se enteró de estos hombres y, ansioso por saber dónde había nacido este niño, convocó a los Magos. Le dijeron que este lugar era Belén, y el rey Herodes les pidió que volvieran a él después de averiguar la ubicación exacta del niño "para ir a adorarlo también". Sin embargo, esa no era su intención en absoluto; lo que realmente quería era matar a este llamado Mesías, ya que Herodes temía que pudiera crecer y tomar su trono. Sin embargo, los Sabios recibieron una advertencia de Dios con respecto a Herodes, diciéndoles que no volvieran a él. Entonces, después de visitar a Jesús, dejaron Judea por otro camino para no volver a encontrarse con el Rey.

Mateo menciona el surgimiento de una estrella brillante en el momento del nacimiento del Mesías como la manera en que los Reyes Magos encontraron al niño Jesús. Esta luz radiante, ahora conocida como la Estrella de Belén o la Estrella de Navidad, también fue profetizada en el Antiguo Testamento. El Libro de los Números, por ejemplo, establece que "una estrella saldrá de Jacob; y un cetro se levantará de Israel".

Mateo describe que esta estrella que los Magos habían estado viendo los llevó a Jesús, y cuando entraron en el establo, "se inclinaron y lo adoraron". Luego abrieron sus cofres del tesoro y le ofrecieron regalos de oro, incienso y mirra". Este pasaje del nacimiento de Jesús es hermoso y elaborado, aunque fue una forma un poco materialista de honrarlo como rey entre los reyes. recibió regalos mucho más allá de lo que él o sus padres podrían esperar poseer durante toda su vida.

Los elementos que rodearon el nacimiento de Jesús entre los que se encuentran el establo, los animales, los pastores, los sabios, el ángel omnipresente Gabriel y la estrella, forman la escena inmensamente famosa de la Natividad, tal como la llaman los cristianos después de que el papa Sixto III construyera uno en Roma en 432 E. C. Este es uno de los escenarios más representados en todo el mundo, y ha sido capturado por miles de artistas en todo tipo de obras de arte como pinturas, esculturas, vidrieras y mosaicos, así como por niños y adultos durante la Navidad. en iglesias, escuelas y teatros.

Los sabios son tan famosos que tienen una celebración separada doce días después del 25 de diciembre, es decir, el 6 de enero, y en las Iglesias ortodoxas orientales el 12 de enero. Es lógico afirmar que no llegaron el día exacto del nacimiento de Jesús, pero lo hicieron algún tiempo después. Algunos documentos afirman que esta visita pudo haber sido incluso un par de años después.

Esta celebración especial, llamada Epifanía o Día de los Reyes, se conmemora de muchas maneras diferentes en todo el mundo. Los niños españoles y latinoamericanos reciben dulces y otros regalos, e Italia espera a la bruja buena, La Befana, que también trae regalos. Los etíopes celebran Timkat un par de semanas después, siguiendo la tradición de que los Sabios trajeron el Arca del Pacto, un cofre de madera cubierto de oro que contiene las tabletas de piedra de los Diez Mandamientos, a su país. En algunos países ortodoxos orientales, los hombres jóvenes se sumergen en aguas frías para perseguir cruces arrojadas.

En consecuencia, el nacimiento de Jesús ha sido causa de numerosas festividades, tradiciones y muchos regalos que todavía se celebran hoy. Esta serie de días festivos durante un período de más de un mes tiene como objetivo apreciar lo que los cristianos ven como el Dios mismo bajando a la Tierra para salvar el mundo.

Muchas teorías e investigaciones han tratado de determinar el año exacto del nacimiento de Jesús. Aunque oficialmente se ha establecido en 1 a. C, los estudiosos del Nuevo Testamento han llegado al consenso general de que, al menos desde un punto de vista histórico, esta no es la fecha real. Su nacimiento fue probablemente entre 6 y 4 a. C., básicamente debido al hecho histórico de que el rey Herodes murió en el año 4 a. C.

Los estudiosos y los astrónomos también han estudiado la presencia de diferentes eventos astronómicos durante esos siglos para tratar de establecer cuál podría haber sido la Estrella de Belén. Algunos argumentan que puede haber coincidido con el paso de un cometa o que podrían haber sido varios objetos estelares en los años posteriores al nacimiento de Jesús.

Por ejemplo, el astrónomo Colin Humphreys propuso que la legendaria estrella era en realidad un cometa brillante y de lento movimiento que aparece en la constelación de Capricornio, que los observadores chinos registraron en el año 5 a. C. Otras hipótesis afirman que en el 4 a. C. se hizo visible una supernova que se produce en la galaxia de Andrómeda, así como varias conjunciones de estrellas y planetas. Hay registros históricos que muestran que durante ese siglo los astrónomos chinos y coreanos observaron una nova que es una estrella joven que normalmente es muy brillante, desde la constelación de Aquila.

El astrónomo Michael Molnar propuso el año 6 a. C. como el año probable del nacimiento de Jesús mediante el uso de estos indicadores astronómicos clave, así como los astrológicos e históricos. El astrónomo David Hughes de la Universidad de Sheffield, que ha estado estudiando este fenómeno desde la década de 1970, concluye que fue la conjunción de varios sucesos llamados conjunción triple. En este caso, fue cuando los planetas Júpiter y Saturno se alinearon con el Sol y la Tierra tres veces a lo largo de un corto período de tiempo, y probablemente sucedió en el año 5 a. C. Este incidente normalmente ocurre una vez cada novecientos años, por lo que habría tenido un gran impacto en aquellos que lo vieron.

El hecho es que mucho se ha dicho, interpretado y escrito sobre la Estrella de Belén, pero lo que realmente persevera es el gran significado simbólico que tiene para los cristianos: uno de los cielos que pronuncia el nacimiento de un gobernante al emitir una estrella maravillosa y brillante sobre la tierra.

Durante los primeros trescientos cincuenta años después del nacimiento de Jesús, su cumpleaños, la popular fiesta de Navidad, no se celebró. La Biblia nunca indica la época del año en que nació, pero los historiadores han podido analizar varios hechos para deducir el mes del nacimiento de Jesús. El teólogo británico Ian Paul comenta que "la primera pista viene al notar la relación entre los nacimientos de Jesús y Juan el Bautista". Después de calcular el tiempo que el padre de Juan tuvo que servir como sacerdote en el templo y qué tan separados estaban los embarazos de Isabel y María, la conclusión lógica es que Jesús probablemente nació en septiembre, por lo que habría sido concebido en diciembre. Esto se alinea con otras circunstancias como, por ejemplo, el hecho de que los pastores estaban presentes cuando Jesús nació. Todavía estaban a la intemperie, algo que no habría sido posible en invierno.

Solo en el siglo IV d. C., cuando los romanos adoptaron la religión cristiana, los funcionarios de la Iglesia decidieron comenzar a honrar el nacimiento de Jesús. Probablemente por razones prácticas y convenientes, tomaron prestadas fechas y tradiciones de fiestas paganas, como muérdago, regalos, cenas especiales, fiestas, decorar casas y encender velas.

Una de las fiestas romanas más importantes fue Saturnalia, que celebraba el solsticio de invierno, que habría sido el 25 de diciembre en el calendario romano. Adaptar el cumpleaños de Jesús a esta fecha fue sin duda un movimiento muy popular en aquel entonces.

La iluminación y las decoraciones de los árboles también fueron otras tradiciones paganas que vinieron de los países del norte de Europa, donde el invierno era especialmente duro. Estas comunidades celebraron el regreso de la vida, esos primeros días después del solsticio de invierno cuando los días comenzaron a alargarse, colocando velas en los árboles de hoja perenne como los pinos. Cuando surgió el cristianismo, adaptaron simbólicamente esta tradición arbórea para convertirse en el "árbol del paraíso" bíblico y comenzaron a colgarles manzanas rojas, sí, las mismas con las que Eva tentó a Adán. Los cristianos adaptaron esta idea más tarde colocando "pequeñas bolas rojas en los árboles verdes", como lo expresa el historiador estadounidense Kenneth C. Davis.

Durante la Edad Media, las celebraciones navideñas ya tenían un significado religioso, aunque todavía tenían mucho sabor pagano y popular. Como muchas de las festividades todavía eran de espíritu secular, la Iglesia decidió comenzar a frenar esta tendencia inyectando significado religioso a muchas de las historias, leyendas y costumbres populares. Por ejemplo, la cosecha y las canciones de pleno invierno se adaptaron para llevar un mensaje cristiano. También predicaron contra la alegría excesiva que la mayoría de la gente se proponía tener durante la dura temporada de invierno.

Los puritanos en los Estados Unidos estaban tan bien informados sobre los orígenes paganos de la Navidad que en realidad prohibieron la festividad durante unos veinte años en el siglo XVII. Sin embargo, la celebración fue demasiado popular para censurarla, por lo que fue restablecida poco después.

En el siglo XIX, las celebraciones navideñas se convirtieron en una celebración estándar entre las comunidades cristianas de todo el mundo después de recibir un impulso especial durante la era victoriana de Gran Bretaña.

Con respecto a esta controversia del "cumpleaños de Jesús", Ian Paul calma a los creyentes. "¿Todo esto significa que estamos perdiendo el tiempo celebrando la Navidad en diciembre? De ningún modo. El punto principal de la Navidad no es la cronología sino la teología"[ii].

Capítulo 2: Vida y Enseñanzas de Jesucristo

Después de los relatos relativamente extensos de la concepción de María, su vida durante el embarazo y el nacimiento de Jesucristo, no hay información en ninguno de los Evangelios sobre su infancia, excepto por dos segmentos importantes: cómo logró huir del rey Herodes y su famoso discurso en el templo. De nuevo, solo Mateo y Lucas hablan sobre esta parte de su vida, y cada uno lo hace a su manera particular. Mateo describe la fuga de la familia a Egipto, mientras que Lucas relata las profecías de Simeón y Ana cuando conocieron a Jesús cuando era niño y también describe su episodio en el templo cuando tenía doce años.

Una estrecha escapatoria de la muerte

Cuando el rey Herodes descubrió que los magos habían decidido eludirlo y no decirle el paradero exacto del Mesías que había nacido, se enfureció pues Herodes creía que el Mesías amenazaría su reino en el futuro. Entonces, Herodes ordenó lo indescriptible: si no podía encontrar a ese niño, ¿por qué no matar a todos los que podrían ser él? Mateo relata en su Evangelio que el rey de Judea "envió soldados para matar a todos los niños de dos años o menos en Belén o cerca de él. Esto coincidió con el tiempo exacto de los Reyes Magos" (Mateo 2:16).

Este capítulo horrible en la historia judía romana no ha sido corroborado por relatos históricos paralelos, por lo que algunos eruditos han afirmado rápidamente que esta masacre no es realmente cierta. El rey Herodes fue una de las pocas figuras relevantes de la época en tener una biografía completa escrita sobre él. El famoso historiador romano-judío del primer siglo, Flavio Joséus (37–100 CE), escribió extensamente sobre Herodes, pero nunca mencionó la infame "matanza de inocentes".

Sin embargo, esta razón por sí sola no es suficiente para concluir que no podría haber sucedido, al menos según el historiador Paul Maier, ex profesor de historia antigua en la Western Michigan University. Maier afirma que Herodes fue un constructor de grandes monumentos. Uno de sus proyectos fue la reconstrucción del Segundo Templo de Jerusalén, de los cuales aún permanece un segmento, el famoso Muro de los Lamentos. También fue un diplomático y político consumado, pero también tuvo una vida familiar muy complicada. Herodes tomó diez esposas y tuvo muchos herederos varones, los cuales competían constantemente entre sí por el trono. En este escenario venenoso, también había numerosos tíos intrigantes, primos e incluso suegras. Herodes a veces necesitaba tomar el asunto en sus propias manos para preservar el orden dentro de su reinado. Por ejemplo, hizo matar a su esposa favorita, Mariamne, su madre y los tres hijos, todos juntos.

Además, más adelante en la vida, cuando Herodes ya estaba enfermo y a punto de morir, Flavio Joséus describe un capítulo "espeluznante" que transmitiría su carácter sanguinario y bastante cruel. Maier lo describe aquí:

Estaba paranoico, aunque tenía cierta comprensión de la realidad. Por ejemplo, le preocupaba que nadie llorara su propia muerte. Por supuesto, eso muestra cuán mortalmente preciso era. Estaban preparando una celebración general. Como a nadie le gusta morir sabiendo que van a bailar... Invita a su hermana Salomé y le dice: "Quiero que arrestes a todos los líderes judíos en la tierra y los encarcelen en el hipódromo justo debajo del palacio aquí". Y así ella lo hace y luego dice: "Hermano, ¿por qué estoy haciendo esto?" Y Herodes le dice: "Bueno, sé que cuando muera, los judíos se regocijarán. Así que quiero darles algo por lo que llorar". Y quiero que todos estos líderes sean ejecutados en ese hipódromo para que haya miles de hogares llorando cuando Herodes el Grande muera"[iii].

Un Niño Especial

Era costumbre para el pueblo judío viajar frecuentemente al templo en Jerusalén, especialmente durante festividades como la Pascua.

Lucas relata tres episodios interesantes en la infancia de Jesús, y de dos de ellos se habla relativamente poco. Están relacionados con la tradición de la profecía dentro del pueblo judío.

Un hombre llamado Simeón y una mujer llamada Ana se encontraron con María y José con su hijo en el templo en diferentes períodos de tiempo. En cada ocasión, su elección respectiva de palabras impresionó a los padres porque ambos hablaron de Jesús como un Dios y una persona que traería salvación a la gente. Ninguno de los dos sabía de las revelaciones que María y José habían recibido en el momento de la concepción y el nacimiento de Jesús, que, debido a las circunstancias normales de la época, se guardaban celosamente en secreto. Estos episodios se conocen como las profecías de Simeón y Ana (Lucas 2: 25-40).

También es Lucas quien habla sobre el momento en que Jesús experimentó su propio episodio de "solo en casa". José y María habían ido a Jerusalén con un gran grupo de familiares para la fiesta de la Pascua. Al embarcarse en su viaje de regreso a casa, pensaron que el niño estaba con ellos en algún lugar dentro del rebaño. ¡Había pasado un día completo antes de que se dieran cuenta de que Jesús no estaba con ellos!

A María y José les llevó tres días finalmente encontrar a Jesús nuevamente. Estaba hablando casualmente con los ancianos en el patio del templo. Lucas dice:

Estaba sentado entre los maestros, escuchándolos y haciéndoles preguntas. Su comprensión y sus respuestas sorprendieron a todos los que lo escucharon. Cuando sus padres lo vieron, se sorprendieron. Su madre le preguntó: "Hijo, ¿por qué nos has hecho esto? ¡Tu padre y yo hemos estado muy preocupados buscándote!" Jesús les dijo: "¿Por qué me estaban buscando? ¿No te diste cuenta de que tenía que estar en la casa de mi Padre? "

Ninguno de los Evangelios cuenta ninguna otra parte de la infancia de Jesús. El próximo capítulo en su increíble viaje nos lleva directamente a su bautismo en el que su primo Juan es el personaje principal.

Preparándose para los eventos venideros

El acto del bautismo es un rito cristiano esencial, aunque tiene raíces en otras tradiciones antiguas. La *tevilah* judía, por ejemplo, consiste básicamente en un ritual de purificación en el que todo el cuerpo de una persona se sumerge en agua dentro de una piscina escalonada llamada *mikve*. Durante los primeros tiempos del cristianismo, el bautismo por inmersión era bastante regular, pero más tarde, la forma más común de bautizar a las personas se convirtió en la afusión, donde se vertía agua sobre la cabeza de la persona que se bautizaba.

Aunque tanto la *tevilah* judía como el bautismo cristiano tienen una forma similar, tienen objetivos diferentes. Las leyes judías requieren baños rituales de forma regular; por ejemplo, cuando una mujer está a punto de dar a luz o para volverse ritualmente limpia para entrar al templo. El bautismo, por su parte, se convirtió en uno de los siete sacramentos destinados a limpiar a los humanos del pecado original que todos llevan desde su expulsión del Jardín del Edén, así como a invocar el poder de la Trinidad. Solo se hace una vez durante la vida del creyente.

Cuando Juan, considerado uno de los precursores del cristianismo, comenzó a realizar sus rituales de inmersión, enfatizó la necesidad de arrepentirse de las malas acciones. Aparentemente "le habló a la gente sobre un bautismo de arrepentimiento para el perdón de los pecados" (Lucas 3: 3).

El encuentro entre Jesús y su primo Juan se retrata en los cuatro Evangelios. Este muy respetado hijo del sacerdote Zacarías estaba atrayendo a grandes multitudes de personas, y se hizo tan famoso con su predicación y bautismos rituales que la gente comenzó a preguntarse si él podría, de hecho, ser el Mesías. Juan respondió a estas personas: "Te bautizo con agua. Pero el que es más poderoso que yo viene. No soy digno de desatar las correas de sus sandalias. Él te bautizará con el Espíritu Santo y fuego" (Lucas 3:16).

Cuando Jesús vino a Juan, los Evangelios relatan que los cielos se abrieron y una paloma bajó representando al Espíritu Santo. Entonces se escuchó una voz del cielo que decía que este hombre bautizado era su hijo.

Mateo declara que después de ser bautizado, Jesucristo les dijo a sus seguidores que "hicieran discípulos de todas las naciones, bautizándolos en el nombre del Padre y del Hijo y del Espíritu Santo" (Mateo 28: 19-20), de ahí la incorporación de esta frase en cada bautismo cristiano.

Durante los primeros siglos del cristianismo, los bautizos se realizaban principalmente en adultos. La mayoría de las personas de esta nueva religión eran paganos grecorromanos, por lo que no fue hasta después del siglo II que el bautismo de niños se convirtió en la norma.

Juan El Bautista fue definitivamente un personaje importante, llevaba una vida dramática y enfrentó una muerte terrible. Llevaba una vida ascética, que había aprendido durante sus años en el desierto junto a comunidades monásticas, como la estricta secta esenia y algunos ermitaños. Según Marcos, tenía una dieta peculiar de langostas y miel salvaje, y su ropa estaba hecha de pelo de camello. Debe haber sido todo un espectáculo verlo, incluso en aquel entonces. Juan fue asesinado por el hijo de Herodes, Herodes Antipas, debido a su protesta sobre el compromiso ilegal del rey con la ex esposa de su medio hermano. Esta crítica hizo que Juan fuera encarcelado y luego decapitado más tarde.

La influencia de Juan es enorme. El islam también lo ve como uno de los profetas, y lo menciona a él y a su padre Zacarías ampliamente en su libro sagrado, el Corán. Flavio Joséus también lo menciona en sus Antigüedades de los judíos, donde básicamente reflexiona sobre la relación de Juan con Herodes Antipas.

Después de su encuentro y bautismo con Juan, Jesús pasó más de un mes ayunando en el desierto de Judea, probablemente influenciado por la propia experiencia de su primo en esta tierra árida. El lapso de tiempo que eligió para estar allí, cuarenta días, es numéricamente significativo, ya que recuerda varios pasajes importantes de la Biblia. Este fue el mismo número de días que Moisés ayunó en el Monte Sión, y los israelitas habían pasado cuarenta años deambulando por tierras áridas antes de llegar a la Tierra Prometida "de Leche y Miel" que Dios le había prometido a Abraham, que estaba ubicada "desde el río de Egipto al gran río, el río Éufrates" (Génesis 15:18). Siempre ha habido una controversia sobre si este "río de Egipto" es en realidad el Nilo o un arroyo al sur de Gaza.

Algunos relatos afirman que este viaje al desierto llevó a Jesús a lugares tan lejanos como la India o el Tíbet, donde pudo haber aprendido muchos métodos de curación y algunos principios que implementó más adelante, que son similares a los ideales budistas.

La experiencia de Jesús en el desierto tuvo un gran impacto en él. Muchos dicen que le dio la fuerza y la resolución que necesitaba para comenzar su ministerio después. Solo los evangelios sinópticos hablan sobre este período de la vida de Jesús. Afirman que el demonio lo instó a pecar en tres ocasiones, a lo que los cristianos se refieren como las tentaciones de Cristo.

En primer lugar, después de que Jesús comenzara a morir de hambre, el diablo lo animó a convertir una piedra en pan; esta fue la primera tentación. Luego le ofreció a Jesús gobernar sobre todos los reinos si cedía a adorarlo. "Te daré todo el poder y la gloria de estos reinos. Me lo han dado todo, y se lo doy a quien quiera. Entonces, si me adoran, todo esto será suyo", dijo, según el Evangelio de Lucas (Lucas 4: 6-7). Esta fue la segunda tentación. En el tercer juicio de Jesús, el diablo trató de hacer que usara su influencia como hijo de Dios al tentarlo a saltar desde lo alto del templo porque su padre bajaría del cielo para salvarlo de todos modos.

Cada vez que el diablo tentó a Jesucristo, este se negó. Es interesante remarcar que Jesús citó el Libro del Deuteronomio, uno de los libros de la Torá que se convirtió en el quinto libro del Antiguo Testamento, en cada rechazo que hizo. Esto da fe de su estricto seguimiento de las leyes judías.

Después de no poder atraer a Jesús hacia él, el diablo finalmente se rindió. Ya era hora de que Jesús volviera a Nazaret. Según Lucas, tenía unos treinta años en ese momento.

Conversión de Jesús en sanador y hacedor de milagros

La primera oportunidad de Jesucristo de convertirse en ministro, o Mesías, no tuvo éxito. No era muy bienvenido en su ciudad natal, por lo que decidió recorrer otras localidades de la región de Galilea. Sin embargo, pronto comenzó a reunir seguidores. "¡Ven, y sígueme! Te enseñaré cómo atrapar personas en lugar de peces", le dijo a dos pescadores, Andrés y Simón. Estos hombres, que también eran hermanos, se convirtieron en los primeros dos de los doce discípulos de Jesús, también conocidos como los Doce Apóstoles, que eran los seguidores más cercanos de Jesús y los maestros principales de sus mensajes.

Afirmaciones fuertes y apasionadas, como la que le dijo a Andrés y Simón, fueron parte del atractivo de Jesús y lo ayudaron a comenzar a acumular su fama como predicador. Es importante tener en cuenta que nunca se llamó a sí mismo por el término Mesías.

Andrés y Simón eran judíos helenizados, de ahí el origen mixto de sus respectivos nombres. Andrés proviene del nombre griego Andreas, relacionado con el término andros, u hombre. Simón es un nombre arameo, aunque más tarde se convirtió en Pedro. Jesús vio a Simón como un pilar fundamental de su ministerio, diciéndole que él sería la roca de su iglesia. Esta nueva elección del nombre Pedro surgió de jugar en los términos Petros y petra, que significan respectivamente "Pedro" y "roca" en griego, y que en hebreo se puede traducir como "guijarro". De todos modos, en el Evangelio de Mateo, el cambio de nombre se revela en un conjunto de palabras algo confuso: "Simón, hijo de Jonás, ¡eres bendecido! Ningún humano te reveló esto, pero mi Padre en el cielo te lo reveló. Eres Pedro, y puedo garantizar que sobre esta roca edificaré mi iglesia... Te daré las llaves del reino de los cielos". Podemos ver aquí lo importante que fue este discípulo para Jesús. De hecho, se convirtió en el primer Patriarca de Antioquía y el primer Obispo de Roma, que era el corazón del imperio. En cualquier caso, Pedro es considerado una "roca" sobre la cual se construyó la institución de la iglesia. El Vaticano, la capital del catolicismo hoy en día, nombró a su basílica papal como San Pedro.

Pedro, muchas veces también llamado Simón Pedro y Andrés, junto con otros dos hermanos, Santiago y Juan, también pescadores, se convirtieron en un cuarteto importante entre el grupo de doce discípulos que acompañaron a Jesús en sus viajes. Los otros ocho fueron Felipe, Bartolomeo, Mateo (conocido como Levi en los Evangelios), Tomás, Santiago, Tadeo (o Judas), Simón de Cananea (o el Zelote) y Judas Iscariote.

Uno de los milagros más emblemáticos de Jesucristo, convertir el agua en vino, no se menciona en los Evangelios sinópticos; en cambio, solo lo menciona Juan. Cuenta que Jesús, su madre y los discípulos habían sido invitados a una boda en la ciudad galileana de Caná. Una vez allí, María le dice a su hijo que el anfitrión se había quedado sin vino, a lo que él respondió: "Oh mujer, ¿qué tiene esto que ver conmigo? Mi hora aún no ha llegado". Este momento en la vida de Jesús aún era temprano en su ministerio, por lo que aún no era famoso. María, sin embargo, les dice a los sirvientes que obedezcan las instrucciones de Jesús y llenen los recipientes con agua y luego les pidió que sacaran un vaso y que lo llevaran al jefe de camareros. Este hombre se sorprendió de la calidad de lo que bebió, y le dijo al novio "todos sirven el mejor vino primero. Cuando la gente está borracha, el anfitrión sirve vino barato. Pero has guardado el mejor vino para ahora" (Juan 2:10). Este fue el primer milagro público de Jesús.

A partir de entonces, la fama de Jesús como hacedor de milagros y sanador comenzó a crecer en proporciones impresionantes en toda Galilea e incluso hasta Siria.

La gente le llevó a todos los que estaban enfermos, a aquellos que sufrían cualquier tipo de enfermedad o dolor. También le trajeron epilépticos, aquellos que estaban paralizados y personas poseídas por demonios, incluyendo un niño y varias personas mudas, y él los curó a todos. Grandes multitudes lo siguieron. Vinieron de Galilea, las Diez Ciudades, Jerusalén, Judea y del otro lado del río Jordán (Mateo 4: 24-25).

Los Evangelios describen cómo Jesús curó una "enfermedad grave de la piel", que probablemente fuera lepra, restauró la vista a varios hombres y curó a una mujer que había estado sangrando durante doce años. Jesús nunca solicitó ni recibió pagos por ninguno de estos hechos. Los milagros comenzaron a crecer al mismo ritmo que su fama.

Nuevas Ideas

Jesús también se hizo ampliamente conocido por sus impactantes discursos llenos de enseñanzas que se consideraron bastante revolucionarias para su época. El más largo, y algunos podrían decir el más famoso de todos, es el Sermón del Monte. Solo Mateo lo documentó en su Evangelio. En este momento, Jesús ya había adquirido un grupo de seguidores sólidos, así que cuando vio una gran multitud reuniéndose a su alrededor, decidió subir a una montaña para hablarles desde arriba. Existe un consenso general de que el lugar más probable para este sermón fue una colina que se extiende desde la costa noroeste del lago Gennesaret en Galilea, que tiene una excelente configuración acústica. Hoy en día se conoce como el Monte de las Bienaventuranzas.

Sin embargo, ¿qué tiene de relevante el Sermón del Monte? La mayoría de los estudiosos y teólogos están de acuerdo en que determinó gran parte de la base de la ética y los principios morales del cristianismo y que estaba lleno de un profundo deseo espiritual de compasión. También contiene el núcleo de lo que se convertiría en la adorada oración de los cristianos, la Oración del Señor, también conocida como Padre Nuestro, que millones de personas recitan diariamente y en cada Misa.

Jesús básicamente reinterpretó los códigos de conducta del Antiguo Testamento, pero la forma en que los volvió a transmitir movió a las personas y sacudió sus creencias preestablecidas.

La suma de las enseñanzas de Jesús en su Sermón del Monte es lo que se conoce como las Bienaventuranzas, ocho bendiciones enunciadas en un estilo parecido a un proverbio. La palabra fue acuñada del griego beati, que significa "feliz" o "bendecido", y su significado es muy pacífico: "Bienaventurados los que lloran, porque serán consolados... Bienaventurados los misericordiosos, porque obtendrán misericordia... Bienaventurados los que hacen las paces. Serán llamados hijos de Dios", y así sucesivamente. Lucas afirma que Jesús también recitó cuatro de estas bendiciones en su Sermón en la llanura.

El famoso filósofo cristiano del siglo V, San Agustín de Hipopótamo, hoy en día, Argelia, escribió en su comentario ampliamente leído sobre el Sermón del Monte que "cualquiera que reflexione piadosa y fervientemente sobre el Sermón del Monte... Creo que encontrará allí... el estándar perfecto de la vida cristiana". En resumen, uno podría encontrar la encarnación suprema de la teología moral del cristianismo en este sermón.

El filósofo y teólogo italiano del siglo XIII, Santo Tomás de Aquino, fue aún más lejos, definiendo las Bienaventuranzas como "obras perfectas que emanan de las virtudes perfeccionadas por los dones" del Espíritu Santo. De esta manera, el Sermón del Monte está vinculado a una de las profecías de Isaías que establece que "el espíritu del Señor descansará sobre él [el Mesías], el espíritu de sabiduría y comprensión, el espíritu de consejo y poder, el espíritu de conocimiento. y el temor del Señor" (Isaías 11: 2-3).

Otras enseñanzas innovadoras que diferenciaron a Jesús, fue la forma en que habló sobre controlar la ira, tratar con la sexualidad, la importancia de ser honesto y superar el odio para transformarlo en amor incondicional, entre otros temas espirituales.

Según el Evangelio de Mateo, Jesucristo declara:

> Has oído que se decía: "Ojo por ojo y diente por diente". Pero te digo que no te opongas a una persona malvada. Si alguien te da una bofetada en la mejilla derecha, dale la otra mejilla también. Si alguien quiere demandarte para quitarte la camisa, entrégale también tu abrigo. Si alguien te obliga a caminar una milla, ve dos millas con él... Has oído que se decía: "Ama a tu prójimo y odia a tu enemigo". Pero te digo esto: ama a tus enemigos y reza por los que te persiguen. (Mateo 5: 38-44)

Este pasaje en particular incluye algunas de las lecciones más destacadas del cristianismo: poner la otra mejilla y amar a los demás como a ti mismo. Lucas también ofrece una versión similar de estas enseñanzas en su Evangelio.

En diferentes partes de Israel, los milagros continuaron realizándose y las enseñanzas se se consolidaron en muchas mentes. En dos ocasiones, Jesús decidió multiplicar la comida para dar a la gente. Los cuatro Evangelios hablan de la primera instancia cuando pudo alimentar a cinco mil personas de las escasas porciones que un niño le había dado. Juan cuenta que "tomando los cinco panes y los dos peces, miró al cielo, los bendijo y los partió, y se los dio a los discípulos para que los pusieran delante de la multitud. Y todos comieron y se llenaron. Lo que sobró fue recogido, doce canastas de pedazos rotos" (Juan 6:11).

En la segunda instancia, cuando Jesús realizó un milagro similar, que solo se menciona en los Evangelios de Marcos y Mateo, logró alimentar a una gran multitud de cuatro mil personas que habían estado con él durante tres días y "no tenían nada para comer".

Estos milagros, en particular debido a la gran grandiosidad de su logro, crearon aún más aclamación hacia la figura de Cristo y sus inmensos poderes. El gesto simbólico que transmitía, que el Señor siempre cuidará de su rebaño, fue muy poderoso.

Tan pronto como Jesús comenzó a aumentar su fama en Judea, era inevitable para él también comenzar a acumular enemigos. Había estado molestando a la gente por hacer cosas que eran responsabilidad de otros, debido a su visión poco ortodoxa de las Escrituras y debido a algunas de sus predicaciones, que criticaban algunas de las formas establecidas de su tiempo, especialmente aquellas relacionadas con algunos de los sacerdotes altamente influyentes dentro de la comunidad judía.

En un momento, personas de la Secta de los Fariseos habían venido de Jerusalén para encontrarse con Jesús. Los fariseos, que eran seguidores muy estrictos de los antiguos estándares religiosos judíos, vieron que algunos de sus discípulos no seguían los estándares tradicionales de limpieza, por lo que comenzaron a criticarlos. A Jesús no le gustó esto en absoluto y fue en contra de los fariseos con palabras duras. "¿Por qué rompes el mandamiento de Dios debido a tus tradiciones?... Lo que entra en la boca de una persona no lo hace impuro. Es lo que sale de la boca lo que hace que una persona sea inmunda", dijo a todos los presentes. Este no fue el único encuentro desagradable con los fariseos, ya que los Evangelios describen otros casos en los que este grupo judío definitivamente mostró su desdén por Jesús.

Jesús continuó sus viajes y predicando con una serie de milagros impactantes. Caminó sobre el agua, curó a más personas enfermas, limpió a hombres poseídos por demonios e incluso resucitó a personas de la muerte. En una ocasión, revivió al hijo de una viuda afligida que solo tenía ese hijo y nadie más. Jesús subió al ataúd y dijo: "Joven, ¡te estoy diciendo que vuelvas a la vida!" (Lucas 7:14). El niño inmediatamente se levantó y comenzó a hablar. Todos se quedaron asombrados.

Quizás el milagro más famoso de resurrección hecho por Jesús fue el de Lázaro. Según el Evangelio de Juan, este hombre ya había estado muerto durante cuatro días cuando Jesús se enteró de su situación. Jesús era muy cercano a sus hermanas, Marta y María de Betania, y prometió ayudar. Cuando llegó a la roca detrás de la cual Lázaro había sido enterrado, Jesús ordenó que le quitaran la piedra. Antes de hacer otra cosa, primero miró al cielo y dijo: "Padre, te agradezco por haberme escuchado. Sé que siempre me escuchas. Sin embargo, he dicho esto para que la multitud a mi alrededor crea que me enviaste" (Juan 11: 41-42). Luego le dijo a Lázaro que saliera.

Todos quedaron asombrados con este impresionante milagro, que solo llevó la fama de Jesús a nuevas alturas, aunque también trajo más animosidad contra él. Algunos jefes de los sacerdotes y los fariseos se reunieron para hablar sobre lo que se podía hacer con este hombre, este alborotador que consideraban cada vez más peligroso. Juan reporta que en su reunión ellos dijeron lo siguiente: "Si dejamos que continúe con lo que está haciendo, todos creerán en él. Entonces los romanos nos quitarán nuestra posición y nuestra nación". Juan también afirma en su Evangelio que fue en este momento cuando comenzaron a planear la muerte de Jesús. El Consejo, que era un tribunal integrado por miembros relevantes de la comunidad judía, ordenó que lo arrestaran una vez que descubrieran su paradero, lo que sucedería durante la próxima Pascua.

Otro aspecto importante que el ministerio de Jesús tocó también, fue la curación espiritual de muchos que vinieron a su encuentro. Es importante señalar que no todos los fariseos habían decidido ser enemigos. Uno de ellos invitó a Jesús a comer a su casa y cuando estaban en la mesa, una mujer conocida por ser pecadora se le acercó y le pidió perdón. Lucas relata que "ella tomó una botella de perfume y se arrodilló a sus pies. Estaba llorando y le lavó los pies con lágrimas. Luego le secó los pies con el pelo, los besó una y otra vez y les echó el perfume.

El fariseo estaba horrorizado de que Jesús estaba dejando que esta mujer "pecadora" lo tocara. Entonces, Jesús decidió enseñarle una lección al fariseo sin siquiera hablarle directamente, sino hablando con su discípulo Pedro; lo que habría denotado su desdén hacia el fariseo. Jesús le preguntó a Pedro: "Dos hombres le debían dinero a un prestamista. Uno le debía quinientas monedas de plata y el otro le debía cincuenta. Cuando no pudieron pagarlo, tuvo la amabilidad de cancelar sus deudas. Ahora, ¿quién crees que lo amará más?". Pedro respondió: "Supongo que el que tenía la deuda más grande cancelada". Jesús respondió: "¡Tienes razón!" (Lucas 7: 41-43).

Con esta historia simple pero contundente, Jesús enseñó todo lo que necesitaba decirle al fariseo: que todos habían pecado, pero esta mujer, que había pedido un perdón especial, sería la que más apreciaría el hecho de que Jesús la perdonó más que cualquier otra persona. "Tu fe te ha salvado. ¡Ve en paz!" (Lucas 7:50).

El ejemplo más famoso del ministerio de Jesús con respecto al perdón de los pecados es, sin lugar a dudas, el de María Magdalena. Todos los Evangelios canónicos nombran a esta mujer, un total de doce veces, más que cualquier otro discípulo, lo que da fe de la gran importancia que tuvo en la vida de Jesús. "Toda la historia de la civilización occidental se resume en el culto a María Magdalena. Durante muchos siglos, la más venerada de los santos, esta mujer se convirtió en la encarnación de la devoción cristiana, que se definió como el arrepentimiento", afirma el historiador, periodista y ex sacerdote estadounidense James Carroll. Y este es un concepto fundamental en torno al cristianismo: si uno se arrepiente de sus pecados, será perdonado y podría entrar en el reino de Dios, también conocido como el cielo.

¿Pero quién era esta misteriosa mujer tan presente en la pasión, crucifixión y resurrección de Jesús? Magdalena no era parte del nombre de María, sino que era más bien el lugar de donde venía: el pueblo pesquero galileo de Magdala.

Lucas es el único en mencionarla antes de la muerte de Jesús. Identifica a María Magdalena como parte de un grupo de mujeres que acompañan a Jesús en sus viajes y "de quien salieron siete demonios" (Lucas 8: 2). ¿Pero cuáles eran esos "demonios" que tenía? No hay referencia a su naturaleza en ninguno de los Evangelios, y la palabra puede tener muchas interpretaciones dependiendo de si se mira desde un punto de vista hebreo o gentil. Ha habido afirmaciones de que ella era una prostituta, una mujer con un estilo de vida "despreocupado". Nadie lo sabe con certeza, pero se sabe que ella era una persona importante en la vida de Jesús, una compañera de confianza y una discípula. Muchos especulan que ella podría haber sido su esposa, aunque ninguno de los Evangelios insinúa esta afirmación; sin embargo, la colocan en una posición prominente, y por ello surge el argumento de que ella es su esposa.

Los puntos de vista masculinos históricos que prevalecieron en la mayoría de las culturas fueron quizás lo que llevó al papa Gregorio Magno a declarar a María Magdalena prostituta en el siglo VI. "Hay muchos estudiosos que argumentan que debido a que Jesús empoderó a las mujeres en una etapa tan temprana en su ministerio, hizo que algunos de los hombres que liderarían la iglesia primitiva se sintieran incómodos", argumenta Robert Cargill, editor de Biblical Archaeology Review. "Y entonces hubo dos respuestas a esto. Una era convertirla en prostituta".

María se dejaría de lado principalmente hasta 1969, cuando la Iglesia católica admitió que no había una sola mención en la Biblia que pudiera dar fe del hecho de que ella era una prostituta. María Magdalena es oficialmente una santa hoy. Ella representa una parte de la naturaleza avanzada de la predicación y el estilo de vida de Jesús. No era común ver a las mujeres como discípulas de ningún tipo durante ese tiempo, por lo que ser sostenido de una manera tan respetada por Jesús y tener una posición prominente en ciertos momentos de su vida, era un símbolo significativo de empoderamiento femenino.

María Magdalena es ampliamente nombrada en otras escrituras no canónicas, como los Evangelios Gnósticos, un grupo de códices de papiro de los siglos II y III que se encontraron en Egipto en el año 1945. También se les llama la biblioteca Nag Hammadi para la ciudad cercana donde fueron descubiertos. Algunos de estos documentos son cristianos, aunque no se reconocen oficialmente como canónicos, y otros tienen una naturaleza más agnóstica. Incluyen textos como los evangelios de Felipe y Tomás, la oración del apóstol Pablo y la exégesis del alma, entre otros, que suman hasta cien libros y extractos de otros dos.

Pasión y Muerte

Jesús predijo lo que le sucedería, cómo moriría y que resucitaría. Habló con sus discípulos sobre su destino y que volvería a la vida, no solo una vez, sino tres veces.

La última vez que tocó el tema fue justo antes de entrar a Jerusalén, desarmando a sus discípulos y diciendo: "El Hijo del Hombre será entregado a los principales sacerdotes y a los expertos en las Enseñanzas de Moisés. Lo condenarán a muerte y lo entregarán a los extranjeros. Se burlarán de él, lo azotarán y lo crucificarán. Pero al tercer día, volverá a la vida" (Mateo 20: 17-19). Esto, por supuesto, sorprendió a los discípulos una vez más, como lo había hecho cuando mencionó esto por primera vez, y todavía no podían tomar estas palabras en serio hasta que sucedió lo inevitable.

También hay información sobre el destino de Jesús en el Antiguo Testamento. Isaías había profetizado por qué y cómo sería asesinado este Mesías, afirmando que "fue despreciado y rechazado por los hombres... fue herido por nuestras transgresiones, fue herido por nuestras iniquidades: el castigo de nuestra paz fue sobre él" (Isaías 53: 3). En la fe cristiana, Jesús no pecó en ningún momento; simplemente asumió los pecados de la humanidad, y esos fueron aquellos por los que fue "castigado". Se sacrificó para salvar a la humanidad. Esta idea es esencial para comprender el núcleo del cristianismo.

Antes de caer en desgracia, la entrada de Jesucristo a la capital de la provincia judía, Jerusalén, fue la de un Rey. De ahí su importancia como un lugar crucial para que él continuara difundiendo su palabra. En la víspera de la Pascua, una gran multitud llegó al camino para encontrarse con él. Fue aclamado por las personas que comenzaron a cantar: "¡Hosanna al Hijo de David! ¡Bendito el que viene en el nombre del Señor! ¡Hosanna en el cielo más alto!" Esta frase es crucial en muchos aspectos. Jesús es recibido con "Hosanna", una palabra de adoración que se refiere, en los idiomas hebreo y arameo, al concepto de "rescate", a alguien que es un "salvador".

Tanto judíos como cristianos usan regularmente el término "Hosanna" para fines ceremoniales. Además, toda la frase que la gente de Jerusalén cantaba a Jesús se incluye hoy en día en cada Misa litúrgica.

Otro aspecto simbólico de ese día se relaciona con el hecho de que aquellos que habían venido a ver la llegada triunfante de Jesús a Jerusalén llevaban ramas de palma con ellos. En la antigüedad, esto era un símbolo de vida eterna, bienestar y victoria. En países de todo el mundo, la gente hace cruces y otras artesanías con ramas de palma después de que un sacerdote las ha bendecido. En lugares donde este tipo de árbol no está disponible, es costumbre sustituir las palmas por el sauce, la caja, el tejo o las ramas de olivo. Los cristianos incorporaron la rama de palma como símbolo e hicieron de ella una tradición al repartir ramas de palma el Domingo de Ramos. Este día conmemora el momento en que Jesús fue recibido como un rey en Jerusalén, y se celebra una semana antes de Pascua, que es el día que celebra la resurrección de Jesús. El Domingo de Ramos se considera una de las festividades más importantes en el calendario religioso cristiano. Los eventos que le sucedieron a Jesús ese domingo fueron tan relevantes que se mencionan en los cuatro Evangelios con particular detalle.

Una vez que Jesús llegó a Jerusalén no perdió el tiempo, y durante los días previos a la Pascua, continuó sus ataques contra los líderes y fariseos judíos. Pronunciando duras palabras de crítica, siguió hablando de su hipocresía: "¡Qué horrible será para ustedes, expertos en Enseñanzas y Fariseos de Moisés! ¡Hipócritas! Le das a Dios una décima parte de tu menta, eneldo y comino. Pero has descuidado la justicia, la misericordia y la fidelidad... Limpias el exterior de tazas y platos. Pero por dentro están llenos de codicia y deseos incontrolados" (Mateo 23: 13-26).

Los líderes judíos decidieron de una vez por todas que ya habían tenido suficiente de este rebelde Mesías autoproclamado y planearon su desaparición final. Jesús sabía que estos serían algunos de sus últimos días en la Tierra, y comenzó a prepararse tanto a sí mismo como a quienes lo rodeaban para los eventos venideros.

Jesús reunió a sus discípulos a su alrededor en el Monte de los Olivos y les dio las últimas instrucciones. Él predijo el fin de los tiempos y el nacimiento de un nuevo mundo, diciendo: "Ninguna de estas piedras quedará encima de otra. Cada uno será derribado", lo que alude a que habrá mucha conmoción en la Tierra, pero que después vendrá este nuevo reino.

Los discípulos le preguntaron cuáles serían las señales que indicaban que el mundo estaba a punto de terminar. Jesús habló de que habría eventos terribles pero que estos no señalarían el final. Por el contrario, este "tiempo final" sucedería solo cuando las "buenas noticias sobre el reino" se extendieran por todo el mundo, básicamente significando sus enseñanzas. La predicción de Jesús del fin de los tiempos y la eventual llegada del reino de los cielos se presenta en Mateo 25. Es una perspectiva severa, pero también predice un futuro brillante para aquellos que Jesús quería salvar, los que él predijo que serían los que entrarían al reino de Dios.

Esta larga conversación entre Jesús y sus discípulos tuvo lugar en la noche en que sería traicionado. Los patriarcas judíos ya habían enviado una orden de arresto, y un grupo de personas lo estaba buscando. Uno de los discípulos se había reunido con ellos, declarando que sabía dónde estaba Jesús y que podía llevárselos. Dijo que el que besara en la mejilla sería el autoproclamado Mesías.

Jesús y los discípulos hicieron preparativos para disfrutar de su cena de Pascua en una casa de la ciudad. Cuando estaban todos sentados, Jesús dijo que sabía quién les había dicho su paradero a los principales sacerdotes y que estaba sentado allí mismo en la habitación. También dijo que la señal sería un beso en la mejilla. Todos los discípulos estaban horrorizados, y cada uno comenzó a preguntar cuál de ellos podría ser. Uno se destacó esa noche: Judas Iscariote. Cuando preguntó: "No te refieres a mí, ¿verdad, rabino?" Jesús respondió: "Sí, lo sé". El sabía de antemano quién era el traidor (Mateo 26:25).

Durante esta cena, que se conoce como la Última Cena, Jesús dio un conjunto completo de recomendaciones e instrucciones para que los discípulos las siguieran para que sus enseñanzas se extendieran al mundo. Sabía que esta sería su última noche como hombre libre antes de su crucifixión al día siguiente. Esta cena de Pascua fue una forma de sellar su compromiso con los discípulos, darles la fuerza que necesitaban para continuar su legado, enseñar a otros su doctrina y desarrollar su Iglesia. Es en este el momento en el que Jesús estableció el ritual de la Eucaristía, también conocida como la Sagrada Comunión o la Cena del Señor, un aspecto fundamental del cristianismo. Este rito se realiza en cada misa y en otros momentos sacramentales como la primera comunión, la confirmación y las ceremonias de matrimonio.

Los tres Evangelios sinópticos, así como la Primera Epístola a los Corintios, otra parte del Nuevo Testamento, afirman que la Eucaristía involucra dos símbolos: el pan, que simboliza la carne de Jesucristo, y el vino, que simboliza su sangre. Según la doctrina cristiana, estos personifican su sacrificio por el bien de la humanidad, ya que el vino y el pan representan su carne y sangre de alguien que dio su vida por la salvación de todas las personas en la Tierra.

Los Evangelios contienen las palabras exactas que Jesús pronunció en esa fatídica noche, palabras que se repiten como un mantra en cada misa cristiana en todo el mundo. Tomó el pan y lo bendijo, luego lo partió y le dio a cada discípulo un pedazo diciendo: "Tomad y comed todos de él porque esto es mi cuerpo, que será entregado por vosotros. Haced esto en conmemoración mía". Jesús hizo lo mismo con el vino, tomando una copa, rezando una oración de acción de gracias y luego dándosela a los discípulos. Mientras cada uno de ellos bebía, Jesús les dijo: "Esta es mi sangre, sangre de la alianza nueva y eterna que será derramada por vosotros y por muchos para el perdón de los pecados".

Esta escena de la Última Cena se convirtió en una institución que recuerda a los cristianos que la celebración de comer y beber la carne y la sangre de Jesús es una anticipación del banquete que disfrutarán una vez que tengan acceso al reino de Dios.

Fue después de la cena cuando una multitud con palos y espadas vino a buscar a Jesús guiados por Judas Iscariote. Saludó al Mesías con un beso en la mejilla, y Jesús fue arrestado de inmediato y llevado a juicio frente al sacerdote principal, José ben Caifás. El resto de los discípulos huyeron, tal como lo había predicho Jesús, temerosos de todo lo que estaba sucediendo.

Jesús fue condenado a muerte por el Consejo Judío por "deshonrar a Dios". Los principales sacerdotes no podían soportar el hecho de que Jesús seguía diciendo que era el hijo de Dios. Fue en este momento que comenzó su tormento. Desnudaron a Jesús, lo escupieron y lo golpearon. Luego fue llevado para encontrarse con el prefecto romano de Judea en ese momento, Poncio Pilato, quien sintió que las acusaciones contra Jesús eran en gran medida infundadas. Sin embargo, la mafia se mantuvo firme y clamó por él para recibir la sentencia de muerte.

No ayudó que Jesús permaneciera en silencio durante el interrogatorio. Como era costumbre durante la Pascua, un prisionero normalmente era indultado como un gesto de buena voluntad. Había un criminal, Barrabás, un hombre que estaba "en prisión con los rebeldes que habían cometido un asesinato durante la insurrección" contra los romanos (Lucas 23:19), que Pilato presentó a la multitud, diciendo que él podría ser el que se enfrentaría la sentencia de muerte en lugar de Jesús. Aunque no hay otros relatos históricos de este "bandido", como lo describe Juan, los cuatro Evangelios hablan sobre el juicio de Jesús. Sin embargo, la multitud exaltada se mantuvo firme y eligió a Jesús. Lucas relata que Jesús también fue llevado a Herodes, quien se burló de él (Lucas 23: 5-16), pero ninguno de los otros tres Evangelios menciona este encuentro.

Pilato cedió a las demandas de la multitud, aunque dejó en claro que no quería ser culpado por enviar a su muerte al que veía como un hombre inocente. Entonces, según el Evangelio de Mateo, Pilato "tomó un poco de agua y se lavó las manos frente a la multitud", alegando que no sería "culpable de matar a este hombre". Esta frase de "lavarse las manos" se usó comúnmente después de ese momento. Las personas la usan cuando quieren ser exonerados de responsabilidad durante un conflicto de intereses.

Entonces, Barrabás fue liberado, y los soldados romanos se llevaron a Jesús para ejecutarlo. Para burlarse de él, le pusieron una capa roja, le clavaron una corona de espinas en la cabeza y lo obligaron a agarrar un palo como si fuera un cetro. "¡Viva el rey de los judíos!", Cantaban. El sufrimiento era inimaginable, aunque lo peor estaba por venir.

El método elegido para la muerte de Jesús, es una de las muertes más crueles y dolorosas que alguien podría sufrir: ser clavado en una cruz. Además, Jesús fue obligado a llevar su propia cruz desde el palacio del gobernador romano hasta el Gólgota, conocido por los hebreos como el Calvario, que era el lugar justo fuera de los muros de Jerusalén donde se realizaban estas crucifixiones durante ese tiempo. Jesús cayó una, dos, tres veces en el camino. El único pequeño acto de lástima que los soldados le permitieron fue que, en algún momento del camino, un hombre llamado Simón de Cirene lo ayudó a cargar la cruz durante parte del camino.

La crucifixión fue utilizada regularmente por los persas, romanos, cartagineses y seléucidas durante todo el siglo VI a. C. hasta el siglo IV d. C., cuando fue abolida dentro del Imperio romano. Solo algunos casos dispersos de crucifixiones han sucedido en los tiempos modernos. Hubo informes de niñas cristianas crucificadas durante el genocidio armenio, que fue realizado por el gobierno otomano en 1915, por ejemplo.

Jesús fue crucificado junto a dos ladrones. Los soldados romanos lo ataron a la cruz con clavos en sus manos y pies, y Pilato ordenó que le hicieran un letrero que decía: "Jesús de Nazaret, el rey de los judíos", escrito en los cuatro idiomas utilizados en el tiempo: hebreo, arameo, latín y griego. La inscripción que se emplea normalmente en la actualidad es el acrónimo de la frase en latín, deletreada INRI.

Jesús colgó de la cruz en agonía durante prácticamente todo el día. En un momento, gritó pidiendo ayuda, suplicando a su padre en el cielo que lo aliviara de su sufrimiento. "Dios mío, Dios mío, ¿por qué me has abandonado?", Gritó de dolor. Justo después de esta miserable súplica, Jesús exhaló su último aliento. Según el Evangelio de Juan (19: 31-37), los soldados le clavaron una lanza, que dejó un agujero en un lado de su caja torácica, para confirmar que estaba muerto. Era costumbre romper las piernas de las personas que eran crucificadas para acelerar su muerte. Cuando los soldados vieron que Jesús ya había fallecido, no rompieron las suyas. Este detalle cumpliría una profecía que establecía que ninguno de los huesos del Mesías "se romperá y mirarán al que traspasaron" (Zacarías 12:10).

La lanza utilizada contra Jesús es conocida por varios nombres, principalmente como la Lanza Sagrada, la Lanza de Longinus, que supuestamente era el nombre del soldado romano que la arrojó, y se cree que más tarde se convirtió al cristianismo, y la lanza del destino. Hay tres reliquias diferentes de la lanza que todavía existen en la actualidad, y todas afirman ser la original. El primero descansa debajo de la cúpula de la Basílica de San Pedro, el segundo es el Hofburg, un palacio en Viena, Austria, y hay un tercero en Armenia.

El Vaticano afirma que "se creía que quien posee la Lanza Sagrada y comprende los poderes a los que sirve, tiene en su mano el destino del mundo para bien o para mal". La Santa Lanza fue y sigue siendo una reliquia religiosa que la mayoría de los católicos romanos cree que golpeó el costado de Cristo. Sin embargo, no hay forma de confirmar si alguna de esta lanza se usó contra Jesús.

Los evangelios sinópticos relatan que los eventos sobrenaturales tuvieron lugar justo en el momento de la muerte de Jesús. Los tres afirman que el cielo se oscureció durante unas horas, a pesar de que todavía era de día, y que las cortinas del templo se rasgaron. Mateo fue un poco más allá y dijo que la tierra se sacudió, dividiendo las rocas circundantes donde estaban enterradas las personas y que muchas regresaron de la muerte en ese momento.

Los geólogos modernos han analizado las varvas que son capas anuales de deposición en los sedimentos dentro de la región donde Jesús fue crucificado, confirmando que efectivamente hubo un terremoto en el primer siglo en algún lugar entre 26 y 36 a. C. Con respecto a la oscuridad que descendió sobre la Tierra justo en el momento de la muerte de Jesús, los expertos coinciden en que podría haber sido una tormenta de arena.

Las únicas personas del círculo de Jesús presentes en el momento de su muerte eran las mujeres. Todos los hombres se habían escapado. Su madre María, María Magdalena y otra María, que era la madre de Santiago y José, así como una cuarta mujer según Mateo, estaban todas al pie de la cruz. Una vez más, vemos aquí el lugar digno que las mujeres tienen en esta historia: uno de resistencia, fe y honor.

Después de que Pilato dio la orden, las mujeres recibieron el cuerpo de Jesús para su entierro. Lo colocaron en una tumba y pusieron una gran roca frente a ella.

Volver a la Vida

Habían pasado tres días después del entierro de Jesús, y una vez más, las mujeres desempeñaron un papel relevante en esta conmovedora historia. Decidieron visitar la tumba de Jesús y vieron que la roca pesada que sellaba la entrada había sido removida. El cuerpo de Jesús no se encontraba en ninguna parte. Se sorprendieron, preguntándose qué podría haber sucedido. Es importante tener en cuenta que estos fueron días llenos de emoción y tensión para todos aquellos en el círculo de Jesús. Estaban siendo perseguidos y hostigados, y esta situación con respecto a su tumba no era, al menos en la superficie, una buena señal.

Pero entonces un ángel se apareció a las mujeres y les dijo que Jesucristo había resucitado. "¡No tengas miedo! Sé que estás buscando a Jesús, quien fue crucificado. Él no está aquí. Ha vuelto a la vida", dijo (Mateo 28: 5-6). Los Evangelios describen cómo volvieron corriendo a los discípulos para anunciar que su cuerpo ya no estaba allí y lo que el ángel les había dicho.

Los Evangelios de Mateo, Marcos y Juan relatan que Jesús hizo algunas apariciones antes de regresar al cielo. Primero se hizo visible para María Magdalena. Una vez más, vale la pena señalar que eligió a una mujer para dar noticias directas de su resurrección.

Entonces Jesús se apareció a los discípulos en diferentes instancias. Uno de ellos, Tomás, aún no había estado presente para ver a Jesús y permanecía incrédulo ante la historia de su resurrección. "Me niego a creer esto a menos que vea las marcas de los clavos en sus manos, ponga mis dedos en ellas y ponga mi mano en su costado", dijo, según el Evangelio de Juan. Entonces, otro día, Jesús apareció frente a todo el grupo, a pesar de que estaban a puerta cerrada. Se acercó a Tomás y le dijo: "Pon tu dedo aquí y mira mis manos. Toma tu mano y ponla en mi costado. Deja de dudar y cree".

Tomás comenzó a creer en el regreso de Jesús a la vida, pero el Mesías lo regañó, afirmando que su fe era "porque me has visto". "Bienaventurados los que no me han visto pero creen" (Juan 20: 27-29). Esta fue una lección importante que Jesús quería dar a sus discípulos: la importancia de creer más allá de la prueba física. Quería difundir esta idea fundamental entre todos los seres humanos.

Este intercambio entre Jesús y Tomás se ha convertido en un pasaje particularmente famoso del Nuevo Testamento, del cual provienen las muy utilizadas frases "dudando como Tomás" y "ver para creer como Santo Tomás".

La tercera vez que Jesús se apareció a sus discípulos, tuvo una conversación especial con ellos y les indicó que difundieran sus enseñanzas por todo el mundo. "Dondequiera que vayas, haz discípulos de todas las naciones: bautízalos en el nombre del Padre, y del Hijo, y del Espíritu Santo. Enséñales a hacer todo lo que te he mandado. Y recuerda que siempre estoy contigo hasta el final de los tiempos" (Mateo 28: 19-20). Luego ascendió al cielo.

El concepto de personas que regresan de la muerte no era nuevo en la cultura judía. El historiador británico Peter Watson cree que "la idea de la resurrección probablemente apareció por primera vez hacia el año 160 a. C. durante el período del martirio religioso, y precisamente como respuesta a la pregunta: ¿cómo podría ser posible que los mártires murieran para siempre?". La primera vez que lo vemos mencionado es en el Libro de Daniel, y dado que coincide con la idea zoroastriana del cielo y la tierra, que el pueblo judío adoptó durante su exilio en Babilonia, Watson afirma que "con la resurrección podría haber sucedido lo mismo", siendo también otra idea zoroástrica.

Durante su vida, Jesús fue conocido como Jesús de Galilea o Jesús de Nazaret, ya que la costumbre en aquel entonces era identificar a las personas con su lugar de nacimiento o residencia. Fue solo después de su muerte que la palabra Cristo comenzó a usarse. Esta palabra se deriva del griego Christos, que básicamente significa Mesías, la palabra hebrea para "el ungido". A partir de entonces, "Cristo" se convirtió en una especie de título para Jesús, y se ha utilizado de diferentes maneras. El apóstol Pablo incluyó tanto a "Jesucristo" como a "Cristo Jesús" (Romanos 1: 1; 3:24) en sus cartas, así como por sí mismo, simplemente refiriéndose a él como "Cristo" (Romanos 5: 6)

Semana de máxima importancia

La última y magnífica llegada de Jesús a Jerusalén, la disputa con los principales sacerdotes, la Última Cena y las conversaciones con sus discípulos, y su consiguiente tortura, muerte y resurrección es lo que se llama la Pasión en el cristianismo. Los eventos previos a la Pascua, el día en que se celebra el regreso de Jesús a la vida, forman parte de la festividad ceremonial religiosa más importante para los cristianos: la Semana Santa.

A lo largo de siete días, que siempre caen entre marzo y abril según el año, los cristianos conmemoran todo lo que sucedió durante ese fatídico período de tiempo. Cada día tiene un nombre y se realizan una serie de eventos de suma importancia.

El primer día de la Semana Santa, Domingo de Ramos, es de celebración. Luego, dependiendo de la región, algunas denominaciones cristianas reservan ritos especiales para el Lunes Santo y el Martes Santo, así como para lo que se llama Miércoles Espía, que fue cuando Judas planeó entregar a Jesús a los sacerdotes. Las iglesias ortodoxas celebran estos días más que los católicos. El jueves santo, el día de la última cena de Jesús con sus discípulos, algunos cristianos tienen la costumbre de visitar "los siete templos" o las siete iglesias en su área. La palabra Maundy significa "comando" en latín, y se refiere a Jesús ordenando a los discípulos durante la Última Cena que se amen y se sirvan unos a otros. El viernes santo, que marca el día en que Jesús fue sentenciado, obligado a cargar su cruz y morir, es un día de tristeza, y las personas normalmente realizan penitencia, ayuno estricto y arrepentimiento. El sábado santo, también llamado Vigilia Pascual, la gente descansa, sin llorar ni regocijarse.

Es el domingo de Pascua que los cristianos celebran nuevamente, y es quizás el día más alegre del año para ellos. Jesús volvió a la vida en este día, lo que sería motivo de celebración, por supuesto. Hay toda una serie de eventos y tradiciones, algunas religiosas, otras de espíritu más secular, que tienen lugar en este día del año. La gente va a misa en una alegre reunión. El legendario "Conejito de Pascua" coloca huevos en los jardines de los niños, que originalmente eran reales, pero ahora están hechos de chocolate y luego se embarcan en divertidas juergas de caza de huevos.

¿Pero por qué un conejito? ¿Qué tiene que ver eso con el cristianismo? Nuevamente, aquí encontramos elementos de costumbres paganas asimiladas a las festividades cristianas. Aproximadamente en el mismo período de Pascua, muchas comunidades anglosajonas precristianas rindieron homenaje a la diosa Eastre, que representaba la primavera y la fertilidad. Su símbolo era..., así es, un conejo. Este animal muy fértil se reproduce principalmente durante esta época del año. Ellos personifican la nueva vida, que es un concepto que se relaciona muy bien con el significado de la Semana Santa. Muchos idiomas de origen anglosajón adaptaron el nombre de la diosa de Eastre a Easter que significa Pascua en inglés para referirse a la Semana Santa y Ostern en alemán, por ejemplo. Otros estudiosos también descubrieron que María estaba asociada con conejos en muchas escrituras y pinturas medievales, probablemente debido a la creencia de origen griego de que estos animales podían reproducirse mientras aún eran virginales.

Las festividades de la Semana Santa han cambiado a lo largo de los siglos. Muchas costumbres han ido y venido en esta ocasión especial. Originalmente, solo se observaban el viernes santo y el sábado santo. Fue en el siglo IV que se acuñó el término Semana Santa, y otros días comenzaron a agregarse al calendario de festividades sagradas, y el domingo de Pascua se celebró como una ocasión alegre una vez que termina la semana.

Capítulo 3: La Iglesia Temprana

La mayor parte de lo que sabemos sobre la concepción de Jesús, el nacimiento, la primera infancia, la vida adulta, el martirio, la muerte y la eventual resurrección proviene de los cuatro Evangelios, la parte principal del Nuevo Testamento escrita por Lucas, Marcos, Mateo y Juan, quienes también fueron conocidos como los Cuatro Evangelistas. La palabra "evangelio" se deriva de godspell, una traducción anglosajona de la palabra latina evangelium, que significa "buenas noticias".

Además de las profecías establecidas dentro de la tradición judía, estos evangelistas decidieron escribir sus propios relatos sobre su vida, así como los aspectos relacionados con su muerte y lo que significaba para la humanidad en general. Cada uno lo hizo a su manera, comenzando alrededor de cuarenta años después de la muerte de Jesucristo y continuando alrededor de 100 d. C.

Marcos fue seguramente el primer evangelista en escribir sobre la vida de Jesús. La mayoría de los estudiosos está de acuerdo en que nació en Cirene, la actual Libia. No hay información sobre la fecha de su nacimiento, aunque su muerte se remonta al año 68 d. C. Después de escribir su Evangelio, en algún lugar alrededor del año

65 d. C., Marcos se fue a vivir a Egipto, donde estableció la Iglesia de Alejandría, siendo honrado hoy en día como el fundador del cristianismo en África. Su relevancia es tal que las Iglesias coptas ortodoxas y católicas, así como la Iglesia ortodoxa griega de Alejandría, afirman descender directamente de la comunidad original que Marcos creó en el siglo I d. C. Como la mayoría de los promotores originales de la fe cristiana, murió en el martirio, arrastrado por caballos por las calles de Alejandría.

La mayoría de los estudiosos afirman que Lucas era un médico griego y que él era el único gentil de los evangelistas. Otros, sin embargo, piensan que también podría haber sido un judío helénico de Antioquía, donde había una floreciente comunidad de personas que combinaban tradiciones religiosas judías con elementos de la cultura griega. Existe un fuerte consenso de que el relato de Lucas fue el segundo Evangelio que se escribió, alrededor del 85 d. C. También es el más largo.

Tanto Mateo como Juan conocieron a Jesús personalmente, siendo dos de los doce discípulos originales que lo acompañaron durante la última parte de su vida. El Evangelio de Mateo probablemente fue escrito entre el año 85 y 90 d. C. También sufrió el martirio, muriendo en Etiopía por una herida de espada.

Juan fue el más joven de los discípulos, y su Evangelio fue el último en escribirse, probablemente alrededor del 95-100 d. C. Es el único de los evangelistas que murió de vejez, aunque no antes de sufrir también la opresión. Milagrosamente escapó de ser hervido en aceite durante su persecución en Roma. Luego, pasó tiempo en la prisión de la Isla de Patmos, donde escribió el Libro de las Revelaciones. Después de ser liberado, Juan se convirtió en obispo de Edesa, falleciendo a la edad aproximada de cien años.

Todos los evangelios probablemente fueron escritos originalmente en griego; al menos, los manuscritos conocidos más antiguos que conocemos fueron escritos en este idioma. Sin embargo, algunos estudiosos argumentan que pueden haber sido escritos en arameo, el idioma utilizado en Israel en ese momento. No hay evidencia clara para confirmar o negar este argumento. Traducciones muy tempranas en latín, sirio y egipcio, algunas desde el año 200 d. C, han sobrevivido hasta nuestros días. El famoso arqueólogo y estudioso del Nuevo Testamento Carsten Peter Thiede ha afirmado que ya en el año 66 d. C., el Evangelio de Mateo ya se había distribuido en Egipto, por lo que es lógico suponer que al menos este Evangelio en particular ya estaba en griego para entonces, el idioma predominante que casi todos habrían entendido durante ese tiempo.

Además de los cuatro Evangelios, el Nuevo Testamento también consta de otros textos: Los Hechos de los Apóstoles, las Epístolas, que son básicamente letras y el Libro de las Revelaciones. Cuando la Iglesia cristiana comenzó a sufrir debido a sus varias divisiones entre Oriente y Occidente, su contenido, así como varios otros principios doctrinales, variarían ligeramente.

El cristianismo, como nueva religión, comenzó a desarrollarse en el Medio Oriente poco después de la muerte de Jesús, al principio principalmente en la provincia romana de Judea. Estos primeros partidarios de las enseñanzas de Jesús, que surgieron después de aproximadamente 33 d. C, eran judíos, dirigidos por los discípulos, que ahora se consideraban apóstoles.

¿En qué momento se convirtieron los discípulos en apóstoles? Jesús tuvo muchos discípulos, o alumnos, no solo los doce más cercanos a él. Al comienzo de su ministerio cuando comenzó a predicar en Galilea y el resto de la provincia de Judea, todos eran discípulos, ya que todos estaban aprendiendo. Pero hacia el final de la vida de Jesús en la Tierra, necesitaba instruir especialmente a aquellos que Jesús eligió como los más sabios y más hábiles para continuar esparciendo su conocimiento.

Estos discípulos elegidos ya no eran estudiantes sino "portadores" de un nuevo mensaje. En ese momento, Jesús cambia su estatus. "Reunió a todos sus discípulos y eligió a doce de ellos para ser apóstoles. Aquí están sus nombres: Simón, a quien llamó Pedro,

Andrés (el hermano de Pedro), Santiago, Juan, Felipe, Bartolomeo, Mateo, Tomás, Santiago (hijo de Alpheus), Simón (que se llamaba el fanático), Judas (hijo de Santiago), Judas Iscariote (quien luego lo traicionó)" (Lucas 6: 13-16).

Después de que Judas Iscariote traicionó a Jesús, se sintió tan culpable que se suicidó poco después de la muerte de Jesús. Entonces, con Judas Iscariote fuera del camino, Mateo se incorporó a este grupo recientemente elegido de "portadores" de la nueva verdad.

La palabra apóstol proviene de la palabra griega apóstolos, que significa "alguien que es enviado" o "enviar". Estos apóstoles estarían llevando el mensaje de Cristo a la gente. Al principio, la idea era colocar a Jesús como el Mesías que el pueblo judío había estado esperando durante tanto tiempo, sin embargo, esto no iba a ser ampliamente aceptado entre la población en general.

Esa parte del primer siglo, en algún lugar entre 33 y 100 d. C., se conoce como la Era Apostólica, básicamente debido al trabajo y la relevancia que tuvieron los apóstoles para establecer la fe cristiana, así como para construir algunas de las primeras instituciones gubernamentales de la Iglesia. El final de esta era se produjo cuando murió el último de ellos, que era Juan aproximadamente en el año 96 d. C. Este fue un período de especial importancia para los cristianos, ya que las personas que tenían contacto personal con Jesús todavía estaban vivas.

Esta Era Apostólica se caracterizó por una intensa actividad misionera en nombre de los primeros apóstoles y muchos otros que se adhirieron a las enseñanzas de Cristo desde el principio, a pesar de que nunca conocieron a Jesús en persona. Este fue el caso de Paul; Cornelio, de quien se dice que fue el primer gentil en ser bautizado como cristiano. Recuerde que los primeros cristianos fueron todos judíos; y San Matías, entre otros. Estos esfuerzos misioneros durante la Era Apostólica se extendieron por Asia Menor, Grecia, Macedonia, Persia, Roma e incluso España.

Hay un día particularmente importante que surgió durante la Era Apostólica llamado Pentecostés. Esta fiesta tradicional se celebra cincuenta días después del domingo de Pascua y marca el día en que el Espíritu Santo descendió sobre los apóstoles y alrededor de otros cien primeros seguidores de Jesucristo. Todos estos hombres supuestamente estaban reunidos en una habitación superior llamada Cenáculo, en un edificio que, según la tradición, todavía existe hasta el día de hoy. Se cree que está dentro de la tumba de David en Jerusalén. Sin embargo, no hay evidencia concluyente de que este lugar específico fuera el Cenáculo real utilizado durante el primer Pentecostés.

El Cenáculo se considera la primera iglesia cristiana. Los apóstoles y otros primeros partidarios de la fe cristiana aparentemente usaron este lugar para reunirse y hablar sobre sus nuevos ideales. Algunos incluso piensan que era la misma sala donde se celebró la Última Cena.

Pentecostés es celebrado por todas las ramas del cristianismo, pero de diferentes maneras. Por ejemplo, es un acto solemne para los católicos, mientras que Pentecostés se considera una de las Grandes Fiestas de la Iglesia ortodoxa oriental. Por su parte, los anglicanos llaman a este día domingo blanco o simplemente blanco.

Aunque el cristianismo se originó y creció en la parte oriental del Imperio romano, echó raíces fuertes en los reinos occidentales poco después. Sin embargo, fue en la ciudad mediterránea de Antioquía, en lo que ahora es el sureste de Turquía, que esta "secta" se llamó por primera vez "cristianos", que significa "seguidores de Cristo" en griego. Uno de los apóstoles, Pablo, estableció su sede allí en algún lugar alrededor de 47 a 55 d. C. Este hombre, anteriormente llamado Pablo de Tarso, que seguía la fe judía y también era ciudadano romano, no era parte del círculo original que siguió a Jesús durante su vida. Por el contrario, persiguió a estos "rebeldes" en el área de Jerusalén, porque creía que buscaban subvertir el orden establecido dentro de la sociedad. Eso fue así hasta que Jesús se le apareció.

Los Hechos de los Apóstoles relatan que mientras Saúl buscaba "arrestar a cualquier hombre o mujer que siguiera el camino de Cristo y encarcelarlos en Jerusalén", vio un repentino y brillante rayo de luz que descendía del cielo y escuchó una voz que preguntaba "¿Por qué me persigues?". Preguntó quién era esta voz, y la respuesta fue "Jesús". Después de este episodio, Pablo estuvo cegado durante tres días hasta que un hombre llamado Ananías vino a rescatarlo.

Jesús le había ordenado a Ananías que se encontrara con el cegado Saúl y que le pusiera las manos en la cara. Estaba perplejo, consciente de la terrible forma en que este hombre perseguía a los cristianos. Pero Jesús insistió. "¡Ir! Elegí a este hombre para llevar mi nombre a las naciones, a los reyes y al pueblo de Israel. Le mostraré cuánto tiene que sufrir por mi nombre" (Hechos 9: 1-22).

Tan pronto como Ananías hizo lo que le dijeron, Saúl recuperó la visión. A partir de entonces, Saúl se convirtió en un ferviente seguidor de Cristo y asumiría una de las posiciones más relevantes de la Iglesia en este turbulento primer siglo para los cristianos. Su conversión ocurrió muy temprano después de la muerte de Jesús, estimada entre los años 31 y 36 d. C.

Era común que los judíos que también tenían la ciudadanía romana, como la familia de Saúl, tuvieran dos nombres: uno de origen hebreo y otro con un significado más romano. Tal fue el caso de Saúl, cuyo otro nombre era Pablo. "Después de su conversión, Saúl decidió llevar el evangelio a los gentiles, por lo que desempolvó su nombre romano y se hizo conocido como Pablo, un nombre al que los gentiles estaban acostumbrados... Adoptar su nombre romano era típico del estilo misionero de Pablo. Su método era tranquilizar a las personas y abordarlas con su mensaje en un lenguaje y estilo con el que pudieran relacionarse".

Pablo fue esencial al decidir que el evangelio de Cristo no debía limitarse solo al pueblo judío, sino que también podría enseñarse entre no judíos o gentiles. El mundo helénico en el que las enseñanzas de Jesucristo se expandieron se convirtió en una herramienta clave para que Pablo transformara el cristianismo en una institución. Tanto la cultura griega como los elementos de la ley romana, esas cosmovisiones clásicas que ayudaron a dar forma al mundo occidental, finalmente se moldearon junto con esta nueva "verdad cristiana" que se contaba. Muchos judíos continuarían siguiendo este novedoso camino, pero personas de diferentes orígenes de todo el imperio también comenzaron a unirse, cautivados por Jesucristo y sus enseñanzas.

Por lo tanto, el cristianismo continuó extendiéndose como un incendio forestal en diferentes comunidades. Esto podría verse como la chispa que comenzó a separar el cristianismo del judaísmo tanto en sus formas como en su estructura.

Pablo también proporciona información importante sobre el ministerio de Jesús, principalmente a través de sus cartas, o las llamadas Epístolas. La mayoría de los incluidos en el Nuevo Testamento son de él. Los atribuidos a la autoría de Pablo son Romanos, Corintios I y II, Gálatas, Efesios, Filipenses, Colosenses, Tesalonicenses I y II, Timoteo I y II, Tito y Filemón. Sin embargo, se ha debatido si Pablo realmente escribió todas esas cartas. Algunos estudiosos creen que algunas fueron escritas por sus alumnos, especialmente las últimas. Sin embargo, definitivamente fueron creadas antes de los Evangelios.

Los apóstoles continuaron difundiendo los mensajes de Jesús en los viajes misioneros por todo el mundo conocido en ese momento, y es justo decir que tomaron su misión muy en serio con una pasión que dio sus frutos. Entre otras regiones, fueron a Siria, África del Norte, Egipto, Turquía moderna, Asia Menor, Grecia, Persia, Etiopía, la Península Ibérica e India, y, por supuesto, a Roma, el epicentro del Imperio romano.

La gran red de comunicaciones dentro del Imperio romano fue una excelente herramienta que ayudó a expandir esta nueva religión en todos sus reinos. Estos primeros cristianos fueron perseguidos esporádicamente al principio. La mayoría de los apóstoles enfrentaron muertes horribles, producto de su nueva creencia en Jesús. Pedro fue crucificado boca abajo en Roma porque dijo que no era digno de morir de la misma manera que Jesús. Pablo fue decapitado, también en la capital del imperio romano. Otros fueron quemados, golpeados, apedreados o apuñalados hasta la muerte. Pero los fieles seguidores del cristianismo finalmente perseveraron, y finalmente el cristianismo fue adoptado como la única religión del Imperio romano después del siglo IV.

Esta opresión de los cristianos dentro del Imperio romano no es tan extensa o cruel como a veces se ha retratado. El emperador Nerón los culpó por el Gran Incendio de Roma del 64 d. C. que destruyó casi por completo la capital, y fue entonces cuando ocurrieron las horribles muertes de Pablo y Pedro, junto con muchos otros mártires. Pero fue después de 250 d. C que los cristianos recibieron la mayor opresión cuando los emperadores, como Decio y Diocleciano, ejercieron una serie de persecuciones. Bajo su gobierno, muchos cristianos fueron hostigados y asesinados ferozmente. Pero aparte de estos períodos específicos, los cristianos fueron tolerados en gran medida durante los primeros tres siglos d. C, principalmente viviendo en paz en sociedades pequeñas y algo secretas.

Los emperadores de las regiones romana y balcánica occidental, Constantino I y Licinio, respectivamente, aprobaron otorgar al cristianismo un estatus legal, bajo el famoso Edicto de Milán, en el año 31.

Constantino luego fue más allá de la simple tolerancia hacia los cristianos. Se educó sobre sus principios, convirtiéndose en un catecúmeno, alguien que comienza a seguir los puntos de vista cristianos sin convertirse formalmente en uno.

Durante esos tiempos, había surgido una lucha de ideas entre dos puntos de vista opuestos principales sobre la religión de Jesús: el arrianismo y el cristianismo de Nicea. El arrianismo promovió la idea de que Jesús era el hijo de Dios y, por lo tanto, una entidad separada por derecho propio. Los cristianos de Nicea, por otro lado, creían que Jesús y Dios, junto con el Espíritu Santo, eran uno e indistinto: la doctrina de la Trinidad, en suma. También había muchos dentro del Imperio romano que no querían rescindir sus dioses paganos y sus creencias precristianas. En resumen, había mucha confusión sobre qué códigos deberían seguirse y respetarse como sagrados.

Fue Constantino el Grande, como más tarde se le llamó, quien presidiría la primera reunión ecuménica de la Iglesia cristiana para discutir muchos de estos conflictos. Todo el cuerpo de líderes religiosos se reunió en el año 325 en el Consejo de Nicea, una región en la actual Turquía, y después de extensas deliberaciones, establecieron ciertos principios con respecto a la ortodoxia dentro de la religión. Durante este encuentro, la teología arriana fue declarada herética. El dogma de Nicea y su principio de Trinidad se convertirían en el conjunto oficial de creencias dentro de la religión cristiana.

Constantino se bautizó oficialmente en la fe cristiana en su lecho de muerte, convirtiéndose en el primer emperador romano en hacerlo. Los herederos de Constantino, sus hijos Constancio II y Constans, tenían diferentes puntos de vista sobre el cristianismo, específicamente sobre el tema de la naturaleza de Jesús.

En algún momento, el sobrino de Constantino, Julius, se convirtió en emperador, e intentó promover la libertad de religiones y culturas, pero fue en vano. El cristianismo había calado profundamente en demasiados romanos.

Sería Teodosio I, también llamado Teodosio el Grande, quien establecería el cristianismo de Nicea como la religión oficial del estado del Imperio romano en el año 380 con el Edicto de Tesalónica. Los romanos ya estaban siendo atacados por tribus bárbaras que venían del norte y noreste de Europa: vándalos, ostrogodos, visigodos, hunos y taifales, entre otros. Tras su muerte, el Imperio romano se dividió permanentemente en dos (se había dividido antes también en siglos anteriores). El dominio oriental fue para el hijo mayor de Teodosio, Arcadio, quien gobernó desde Constantinopla, y el reino occidental fue para su hijo menor, Honorio, quien gobernó desde Roma y luego Ravenna.

El cristianismo establece sus cánones

En los primeros días del cristianismo se permitieron todo tipo de escuelas de pensamiento y diversas tendencias dentro de las enseñanzas de Jesucristo, como vimos con el caso del arrianismo y la teología de Nicea. Además de los Evangelios de Lucas, Mateo, Marcos y Juan, muchos otros textos circularon entre las diferentes comunidades cristianas que surgían en el Medio Oriente, el Lejano Oriente, la propia Roma y el norte de África.

Solo después de trescientos años de que se escribieron los Evangelios, lo que conocemos como el Nuevo Testamento finalmente se consolidó en uno y se estableció como canónico, lo que significa que estos libros sagrados se aceptaron oficialmente como genuinos. Este es un punto de inflexión muy importante en la formación de la institución cristiana. El canon del Nuevo Testamento fue presentado por primera vez por San Atanasio de Alejandría en una carta, escrita en el 367, a las iglesias que presidió en Egipto, y finalmente se aprobó en el tercer y cuarto Concilio de Cartago, que se reunieron en los años 397 y 419 respectivamente. Estos consejos fueron presididos por nada menos que el propio San Agustín, uno de los pensadores cristianos más prominentes e influyentes de todos los tiempos.

A lo largo de los siglos, varios ritos se convirtieron en sacramentales, y los cristianos los consideran ceremonias religiosas importantes que imparten gracia divina a las personas que participan en ellos. Hay siete en total:

- El bautismo, en la mayoría de los casos, se realiza en bebés o niños pequeños, aunque las personas de cualquier edad que estén dispuestas a convertirse deben pasar por este rito para convertirse formalmente en cristianos. Este sacramento fue el primero en ser practicado desde el comienzo de la fe cristiana.

- La Eucaristía, o la Sagrada Comunión, es la ceremonia que celebra la Última Cena, en la cual el pan y el vino se consagran y luego se comen. En algunas denominaciones cristianas, los niños de entre siete y trece años realizan su Primera Comunión, que es la primera vez que reciben el pan simbólico (hoy en día se usa una oblea) y vino (ahora solo se entrega en ciertas ocasiones). Es un rito muy especial realizado por jóvenes cristianos cada año, y marca su entrada a la religión de una manera más completa.

- Cuando un cristiano alcanza la mayoría de edad, su fe se ratifica a través de un proceso llamado confirmación. Esto se hace hoy en día entre las edades de dieciséis y dieciocho años, aunque las denominaciones difieren según la edad y no todas lo practican.

- A través del sacramento de la reconciliación, la penitencia o la confesión, los pecados de una persona son perdonados después de revelarlos a un sacerdote. Los católicos son los que mayormente siguen este rito en los tiempos modernos. Los protestantes rechazan la absolución de los pecados diciéndoselos a otra persona.

- El acto del matrimonio también es un sacramento sagrado para los cristianos. A los católicos solo se les permite casarse una vez, pero otras iglesias tienen más flexibilidad, como las Iglesias ortodoxas orientales, donde algunas permiten un divorcio y un segundo matrimonio. Muchas denominaciones protestantes permiten el divorcio, especialmente en los casos de adulterio o abandono.

- La unción de los enfermos se realiza en personas enfermas o moribundas, particularmente en los ancianos. Un sacerdote normalmente lee las Escrituras, realiza lo que se llama "imposición de manos", bendice a la persona colocando aceite en la frente y las manos, recita la oración del Señor y, cuando es posible, administra la Sagrada Comunión. Esto es practicado por muchas denominaciones cristianas hasta el día de hoy.

- Los hombres que ingresan al sacerdocio obtienen acceso a un sacramento reservado solo para ellos: el orden sagrado. Este sacramento se entiende desde diversas perspectivas, dependiendo de la iglesia.

El Este y el Oeste se separan

Después de que esta gran extensión de tierra que abarcaba el Imperio romano comenzó a separarse en el siglo IV, ambos lograron mantener grupos fuertes de personas cristianas. Sin embargo, era inevitable que las secciones comenzaran a mostrar sus diferencias.

Al principio, los cristianos no estaban organizados bajo una sola estructura, sino que estaban dispersos entre varias sociedades encabezadas por diferentes patriarcas y obispos, dependiendo de la región.

Fue después de la división del Imperio romano que los cristianos experimentaron el desarrollo de dos Iglesias claramente separadas con líderes divergentes y principios y tradiciones canónicas, especialmente en regiones fuera del alcance de Roma. Esta ciudad tenía como objetivo establecerse como una posición principal de autoridad dentro del cristianismo. Su obispo, luego llamado papa, comenzaría a tener un mayor poder sobre asuntos administrativos, incluso más que su contraparte en Constantinopla y otras ciudades del Imperio romano, o al menos lo que quedaba de él.

Mientras que diferentes Consejos habían reunido a todos estos líderes en los siglos tercero y cuarto, en este momento, desataron disputas teológicas una tras otra. Constantinopla proclamó su propio papa. Los cristianos sirios comenzaron a formar su propia Iglesia separada a partir del siglo V, que más tarde se convirtió en el Patriarcado Ortodoxo sirio de Antioquía. Los cristianos en Armenia y Egipto también desarrollaron sus propias instituciones separadas, formando las iglesias apostólicas armenia y ortodoxa copta, respectivamente. Muchos otros ejemplos similares proliferaron en todas las regiones de Asia oriental y África en las que el cristianismo había echado raíces.

Otra característica que estableció una diferencia cultural entre ambos centros, con Roma por un lado y Constantinopla por el otro, fue el hecho de que Occidente adoptó el idioma latino para sus interpretaciones bíblicas y doctrinales, mientras que Oriente continuó con su tradición de tener todas las Escrituras religiosas en griego. El latín finalmente ganó ventaja, especialmente debido al hecho de que los escritores que usaron este idioma para difundir e interpretar las enseñanzas cristianas ganaron más prestigio que muchos de sus homólogos de habla griega.

La mayoría de las lenguas europeas, especialmente las llamadas lenguas romances (español, portugués, italiano y francés, entre otros), son una evolución de los dialectos originales de diferentes regiones mezclados con palabras y gramática latinas. El alfabeto romano que usamos hoy en día también tiene un origen latino. Todo esto eventualmente tuvo un impacto en tener medios de comunicación latinos y derivados del latín como el sistema principal en Occidente para diseminar ideas cristianas, mucho más que el griego orientado al este.

Las circunstancias políticas también se sumaron a estas crecientes divisiones Este-Oeste. Mientras duró el Imperio romano del Este, el cristianismo se mantuvo como la religión principal en todas sus provincias, desde los territorios del Mediterráneo occidental hasta el Imperio de Partia (Irán moderno) y hasta la India.

Esta situación de dominio para los cristianos en el Este cambiaría después de unos siglos. Múltiples comunidades cristianas se mantuvieron atrincheradas en diferentes partes del imperio desmembrado, en toda Persia, Asia Central, África del Norte y más allá, pero ahora compartían esta enorme extensión de tierra con muchas otras creencias, incluido el judaísmo, por supuesto; la nueva religión musulmana después del siglo séptimo, que tomó a Cristo como uno de sus profetas aceptados, aunque no es visto como el hijo de Dios; así como el hinduismo, el budismo y el taoísmo, entre otras religiones tradicionales en diversas partes de Asia.

Los restos del Imperio romano en Europa también fortalecieron la fe cristiana en todo el continente europeo, pero de una manera más absoluta que en el Este. Finalmente se transformó en la religión dominante durante los próximos mil años, y todavía mantiene esa posición hoy.

Unos siglos más tarde, con el cisma de 1054, también llamado Gran Cisma, las iglesias de Oriente y Occidente decidieron formalmente separarse, con el papa romano y el patriarca bizantino excomulgados entre sí. Este profundo distanciamiento entre ambos grupos cristianos se mantendría hasta el siglo XX cuando las tensiones finalmente se calmaron después de que el Concilio Vaticano II se reuniera entre 1962 y 1965 y se establecieran una serie de diálogos entre ambos grupos.

Capítulo 4: El Cristianismo se propaga por todo el mundo

El Imperio romano de Occidente se derrumbó en el 476 cuando el rey germánico Odoacro depuso al emperador Rómulo Augusto. Algunos marcan esta fecha como el comienzo de la Edad Media en Europa.

Roma había caído, pero el cristianismo no. Por el contrario, solo sería cuestión de tiempo antes de que continuara extendiéndose, lenta pero seguramente, por todas las regiones de Europa, hasta sus dominios más al oeste y al norte.

Lo que la gente llamaba el "Imperio romano" en aquel entonces era, en realidad, el Imperio romano del Este, que finalmente se convirtió en el Imperio bizantino, con Constantinopla, originalmente Bizancio, hoy en día Estambul, como su capital. Indudablemente, no tenía el alcance que poseía antes de la desintegración del imperio, pero aún conservaba gran parte de su grandeza y relevancia cultural, definitivamente más que su contraparte occidental, que en ese momento estaba siendo invadida constantemente por todo tipo de tribus.

Algunos estudiosos, como el historiador del siglo XVIII Edward Gibbon, culpan al surgimiento del cristianismo como la causa de la caída del Imperio romano, aunque otros señalan las constantes incursiones "bárbaras" que venían de las fronteras occidental y norte y también de corrupción interna arraigada dentro de las instituciones del Imperio romano de Occidente.

Constantinopla

El Imperio romano del Este se convirtió en un bastión para la preservación cultural romana, y también mantuvieron una postura religiosa profunda sobre el cristianismo, que duró hasta el siglo XV, cuando Constantinopla cayó ante los turcos.

La lucha del Imperio romano de Oriente para recuperar su antigua gloria romana presidida por el emperador Justiniano en el siglo VI, fue en gran medida infructuosa. Hubo tensiones constantes entre el patriarca de Constantinopla y el papa en Roma.

En el 537, Justiniano ordenó la construcción de la magnífica Hagia Sophia, el epítome de la arquitectura bizantina y el centro de la Iglesia ortodoxa griega hasta que se convirtió en una mezquita musulmana en 1453. Este edificio masivo mantuvo su posición como la iglesia más grande del mundo hasta que la catedral de Sevilla en España fue construida en el siglo XVI. Hoy en día es un edificio secular que alberga un museo.

En todas las provincias orientales del Imperio romano restante, las múltiples denominaciones que habían surgido: armenios, griegos y sirios ortodoxos, así como católicos romanos, armenios y caldeos, entre otros, hicieron imposible obtener una institución centralizada como como el que se ve en Occidente bajo el papa.

Una serie de viajes misioneros continuaron desde Constantinopla con énfasis en el Lejano Oriente y África. Algunos de estos tuvieron mucho éxito, y otros fracasaron después de algunos siglos.

Con la hegemonía musulmana en la región después del siglo XVI, las comunidades cristianas notaron un período de influencia disminuida y finalmente vieron la retirada de grandes comunidades que se restablecieron en otras áreas donde podían expresar más fácilmente su religión. En el siglo XXI, solo quedan unos dos mil cristianos activos en la actual Turquía, por ejemplo. Otros países también experimentaron una desaparición en sus comunidades cristianas, como Irak, Siria y los estados árabes del golfo Pérsico.

Los "Bárbaros" europeos se convierten

En el siglo V, los antiguos territorios romanos en Europa habían sido dominados por una serie de gobernantes "bárbaros", y los papas necesitaban aprender a lidiar con esta nueva realidad. Parte de la estrategia era convertir a estas tribus rebeldes y paganas del norte. La respuesta a este dilema fue la proliferación de los esfuerzos misioneros, donde los monjes, sacerdotes y cristianos comunes se encargaron de evangelizar las múltiples tribus europeas en todo el continente, hasta Escandinavia y hasta el oeste de lo que hoy es Portugal. Fue una adaptación básica de las misiones originales que en el primer siglo habían venido de Palestina a los territorios mediterráneos.

En el libro *Historia de las misiones cristianas*, el historiador británico del siglo XIX George MacLear afirmó que el período medieval "fue fértil en hombres nobles y heroicos, que pusieron, siempre en abnegación y sacrificio, a veces en martirio y sangre, los cimientos de muchas de las iglesias de la Europa moderna"[iv].

Una de las primeras conversiones, así como una de las conversiones más espectaculares, fue la de Clodoveo I, el rey que fue el primero en unir a las tribus francas en lo que luego se convertiría en Francia. Se había casado con una princesa de Borgoña que era católica llamada Clotilde, pero Clodoveo todavía no era creyente hasta que un magnífico giro de los acontecimientos le hizo cambiar de opinión.

Durante la batalla de Tolbiac contra los alemanes en 496, Clodoveo sufrió grandes pérdidas dentro de sus tropas. Desesperado, se volvió hacia el dios de su esposa y rezó por ayuda. El historiador del siglo sexto Gregorio de Tours escribió sobre este capítulo en la cristianización de la región en su libro *Historia Francorum* (Historia de los francos). Afirmó que Clodoveo le había suplicado a Jesucristo, un Dios a quien reconoció "da socorro a los que están en peligro, y la victoria a los acordados que esperan en Ti", para otorgarle la victoria sobre sus oponentes y que, si lograba triunfar, él comenzaría a creer y se bautizaría en su nombre. Tours registró que la oración de Clodoveo incluía las siguientes palabras: "Invoqué a mis dioses y... no pudieron ayudarme... Es por ti que lloro ahora, quiero creer en ti si solo puedo ser salvado de mis oponentes".

Finalmente, Clodoveo ganó la batalla de Tolbiac y cumplió su promesa. Se convirtió a sí mismo y a sus tres mil hombres sobrevivientes al cristianismo arriano, aunque más tarde fue bautizado en la fe católica, de ahí el comienzo de una nueva religión para toda la región francesa.

Otro caso muy exitoso de conversión, fue el de la provincia romana de Britania, actual Inglaterra, donde el cristianismo llegó entre los siglos II y III. Los celtas en la vecina Hibernia, el nombre clásico en latín para Irlanda, también se habían convertido muy temprano, aunque nunca fueron conquistados por los romanos.

Cuando los romanos abandonaron esta región a principios del siglo V, el cristianismo perseveró, especialmente en Irlanda y el oeste de Gran Bretaña, aunque su aislamiento les impidió tener contacto con los avances religiosos en el Imperio romano sobreviviente de Occidente. Una mezcla de tradiciones celtas originales y la fe cristiana formaron lo que entonces se conocía como la Iglesia celta.

Las tribus paganas germánicas, los anglosajones, invadieron las islas británicas después de que los romanos se retiraron y se encontraron con otras tribus locales, como algunas de Northumbria, que se habían resistido a la conversión mientras estaban bajo el dominio romano. Aunque los anglosajones destruyeron muchas de las ciudades donde vivían los cristianos, estas personas todavía se mantuvieron firmes en su fe, a pesar de que estos fueron años muy oscuros para ellos.

Los celtas en Irlanda, que ya tenían sus propios puntos de vista cristianos, recibieron esfuerzos posteriores de evangelización católica romana a principios del siglo V, como el de Paladio, un obispo enviado por el papa romano. San Patricio podría ser el misionero más conocido en Irlanda. Patricio llegó de Inglaterra en 432, y su trabajo en la isla fue tan exitoso que se convirtió en una figura muy venerada y es considerado el santo patrón del pueblo irlandés.

El fervor religioso cristiano echó raíces profundas dentro de los celtas en Irlanda. "Formaron un puesto de avanzada entre las naciones occidentales", escribe MacLear, "y cuando fueron evangelizados por misioneros cristianos, se convirtieron, a su vez, en predicadores notablemente ardientes y exitosos de su fe recién adoptada".

Los celtas, a su vez, enviaron misioneros a Inglaterra para convertir a los anglosajones y otras tribus a la fe cristiana. También hubo varias misiones que vinieron de Roma y que también tuvieron un fuerte impacto. A finales del siglo VI, el papa Gregorio I envió a un monje benedictino romano en una misión de evangelización a Kent. Este hombre, San Agustín de Canterbury, jugó un papel esencial en el esfuerzo de conversión de los anglosajones al vencer al Rey de Kent, Æthelberht, para su causa.

Era solo cuestión de tiempo antes de que los anglosajones se convirtieran al cristianismo, gracias al esfuerzo conjunto entre los celtas y los romanos, a pesar de que inevitablemente surgió cierta fricción entre ambos grupos a lo largo de los años.

Para el siglo VII, básicamente todas las personas en Gran Bretaña se habían convertido al cristianismo. El sistema romano finalmente había prevalecido sobre la versión celta de la religión también en este punto.

La fe cristiana era tan fuerte dentro del pueblo celta que desde el siglo VI en adelante, oleadas de misioneros irlandeses comenzaron a partir hacia muchas otras regiones europeas, incluso tan lejos como las áreas eslavas que forman Rusia hoy, para ayudar a evangelizar a aquellos que todavía no se habían convertido.

Carlomagno (c. 742–814) es una figura prominente para el cristianismo en Europa, y se le atribuye la garantía de la supervivencia de la religión en la mayor parte del continente después de su búsqueda de décadas para unir a todas las tribus germánicas. Tuvo éxito en convertirlos al cristianismo, a menudo con métodos bastante despiadados. Su lema infame "convertir a los sajones por la Palabra y la espada" resume sus intenciones bastante bien.

Carlomagno logró revivir parcialmente la antigua gloria del Imperio romano al unir la mayor parte de Europa Occidental, e incluso fue coronado Emperador del Sacro Imperio romano por el papa León III en Roma.

Después del siglo IX, varios esfuerzos misioneros comenzaron su avance hacia las regiones escandinavas y bálticas, que todavía eran paganas. Esta evangelización fue intermitente a lo largo de los años. Muchas de las personas en estos países solo se volvieron nominalmente cristianas, ya que también expresaron sus propias costumbres paganas de forma paralela.

Los daneses se convirtieron en los primeros en aceptar la conversión después del bautismo del rey Harald Bluetooth alrededor del año 960. A principios del siglo XI, dos reyes noruegos, ambos llamados Olaf, fueron factores principales en la asimilación del país al cristianismo. Se dice que Olaf Trygvasson, quien gobernó desde 995 hasta aproximadamente el año 1000, fue el primero en construir una iglesia cristiana. El rey Olaf II Haraldsson, que reinó entre 1016 y 1030, fue canonizado póstumamente como San Olaf por su importante papel en la conversión de los noruegos. Los suecos, sin embargo, no dieron el último paso hacia el cristianismo hasta el siglo XII durante el gobierno del rey Sverker (c. 1130 a 1156).

Los primeros esfuerzos de evangelización en las áreas eslavas orientales, hoy Rusia, Ucrania y Bielorrusia, vinieron de la Iglesia Oriental, es decir, de Constantinopla en lugar de Roma. Esta es la razón de la estructura ortodoxa de esta área, en lugar de ser más católicos o protestantes. Dos hermanos misioneros bizantinos de Tesalónica (actual Grecia), los Santos Cirilo y Metodio, fueron pioneros en los grandes esfuerzos de conversión realizados en esta área durante el siglo IX. Se les atribuye la invención de los alfabetos glagolíticos y cirílicos, con los cuales pudieron traducir y escribir la Biblia en los idiomas eslavos originales, que ahora son las lenguas rusa, ucraniana y bielorrusa.

Cirilo y Metodio, también conocidos como "los apóstoles de los eslavos", ejercieron una gran influencia en el desarrollo cultural de esta área. Obtuvieron la aclamación universal por su trabajo y ahora son reconocidos como santos por las tres ramas del cristianismo: católica, protestante y ortodoxa.

Cristianos vs. Musulmanes

Más allá de los esfuerzos por poner fin al culto pagano en Europa, los cristianos enfrentaron otro desafío, esta vez proveniente del este. Una religión más reciente, el islam, se había establecido en muchas tribus árabes en el siglo VII. Comenzaron una serie de conquistas poco después, comenzando por Asia Menor, tomando ciudades importantes como Jerusalén y Cesarea. También continuaron hacia el noroeste de África, Egipto, Mesopotamia, Persia y luego Europa.

El líder franco Charles Martel, el abuelo de Carlomagno, logró detener a los invasores musulmanes del Califato omeya en la Batalla de Tours en 732. Esta importante campaña para conquistar la Galia, que ahora es la Francia moderna, fue dirigida por Abd-al-Rahman al-Ghafiqi, el gobernador omeya de Córdoba. Aquitania, ubicada más al sur, ya había sido conquistada por él. Sin embargo, Martel prevaleció al final; Al-Rahman fue asesinado en la batalla, y este grupo de musulmanes decidió retirarse a España, sin intentar nunca más una invasión.

La Batalla de Tours fue un momento definitivo para Europa, ya que Charles Martel logró detener el avance de los omeyas. Sin embargo, algunas áreas del este y suroeste de Europa no tuvieron tanto éxito.

Los omeyas aprovecharon el débil reino visigodo que regía sobre Iberia, lo que provocó una rápida y victoriosa incursión a principios del siglo VIII. A partir de 711, Ṭāriq ibn Ziyād solo tardó ocho años en conquistar la mayor parte de la península después de cruzar el estrecho de Gibraltar desde el norte de África.

Los omeyas establecieron un califato en gran parte de Hispania (España) y parte de la actual Portugal en lo que se conocería como al-Andalus. Solo unas pocas regiones en la parte más septentrional de la Península Ibérica nunca fueron gobernadas por los musulmanes omeyas, como el Reino de Asturias. Durante esos tiempos, cristianos, musulmanes y judíos vivieron juntos en una convivencia que alternaría entre pacífica y tensa durante los próximos setecientos años.

No fue hasta 1492 que los Reyes Católicos, la Reina Isabel I de Castilla y el Rey Fernando II de Aragón, unieron la Península Ibérica en un solo reino, obligando a musulmanes y judíos a convertirse al cristianismo o enfrentar la expulsión del territorio.

Después de esta fecha, el cristianismo se estableció firmemente en toda Europa, con el papa presidiendo todos los aspectos relacionados con la institución de la Iglesia desde su sede en Roma. Sin embargo, no todo era color de rosa dentro de este gran dominio espiritual. Pequeñas fricciones entre algunas comunidades eventualmente crearon maremotos gigantes que fracturarían la eminencia de la Iglesia católica en todo el continente desde el siglo XVI en adelante.

Las Cruzadas

Después del siglo VII, los cristianos europeos se horrorizaron al ver que gran parte de lo que llamaban Tierra Santa, un área ubicada entre el río Jordán y el mar Mediterráneo donde nació Jesucristo y comenzó su ministerio, ahora estaba dominado por musulmanes. Muchas de esas tierras habían sido parte del Imperio bizantino, pero después de varias batallas, las habían perdido.

La situación era tan desesperada que el emperador bizantino Alejo I le pidió ayuda a Occidente contra esta amenaza "turca", una de las tribus más fuertes en aquel entonces que se había convertido a la fe musulmana.

El papa Urbano II se propuso organizar una búsqueda para recuperar esos territorios y volver a ponerlos bajo el dominio cristiano. La Iglesia tuvo mucho poder político y moral durante este período, por lo que muchas personas de toda Europa respondieron con entusiasmo a su llamado.

Fue en el año 1095 cuando el primer grupo de cristianos ardientes provenientes de diferentes partes del continente se reunieron y se dirigieron al este en su primera "Cruzada", como se llamaría esta búsqueda. Se unió una multitud bastante heterogénea, caballeros, hombres comunes, mujeres e incluso niños, pero el viaje resultó largo y traicionero, y muchos murieron en el camino.

Cuatro ejércitos principales llegaron a Constantinopla para unir fuerzas con los soldados de Alejo. Juntos, conquistaron ciudades importantes como Antioquía, Trípoli, Nicea y la "joya de la corona", Jerusalén. Después de cuatro años, muchos de los cruzados regresaron a su hogar en Europa, aunque otros se quedaron para lograr algún tipo de uniformidad dentro de los territorios conquistados.

Durante estos años, muchos europeos comenzaron a organizar viajes de peregrinación a Tierra Santa, pero a menudo fueron robados y asesinados a lo largo del peligroso viaje. Por lo tanto, algunos grupos de caballeros, a menudo provenientes de órdenes religiosas profundamente devotas, se fundaron para ayudar y proteger a estos peregrinos, así como para perseguir distintas misiones militares. Algunos de estos grupos más famosos fueron los Caballeros Templarios, los Caballeros Teutónicos y los Hospitalarios.

No pasó mucho tiempo antes de que los musulmanes se embarcaran en su propia cruzada, la Yihad o la Guerra Santa, para recuperar los territorios que habían perdido. Después de 1130, comenzaron a recapturar terreno, especialmente bajo el liderazgo del legendario líder musulmán Salah al-Din (1137 a 1193), conocido por los occidentales como Saladino. Este hombre, que se convirtió en el sultán de Egipto, Yemen, Palestina y Siria, logró reconquistar Jerusalén en 1187 de los cruzados, así como otras ciudades de la región. Era famoso por ser un gran guerrero, pero también era generoso, culto y una persona de grandes cualidades morales.

Los europeos decidieron comenzar una segunda cruzada, que duró entre 1147 y 1149 y fue dirigida principalmente por el rey Luis VII de Francia y el rey Conrado III de Alemania. Esta segunda cruzada terminó en una humillante derrota para ellos, incluso Jerusalén estaba perdida.

No pasó mucho tiempo antes de que los cristianos se comprometieran a persistir en su búsqueda religiosa, y se organizó una tercera Cruzada, también llamada Cruzada de los Reyes. Entre 1189 y 1192, uno de los reyes más famosos de todas las edades, el Rey Ricardo, llamado Corazón de León debido a su valentía en la batalla, se dispuso a enfrentar a su enemigo, el famoso Saladino. Bajo su mando, Jerusalén fue retomada brevemente de los musulmanes, pero ambos eran genios militares, por lo que las luchas fueron feroces.

Ricardo escuchó que su medio hermano en Inglaterra, Juan, estaba conspirando para tomar su trono, por lo que decidió regresar. Al final, se hizo una tregua, y los europeos volvieron a casa sin recuperar Jerusalén.

Una cuarta cruzada tuvo lugar entre 1202 y 1204 dirigida por el papa Inocencio III. La idea principal era recuperar Jerusalén, pero los cruzados terminaron saqueando Constantinopla, una ciudad cristiana en abril de 1204. Este saqueo de la ciudad, que, por supuesto tenía una gran connotación económica, allanó el camino para la ruptura del Imperio bizantino.

El número total de Cruzadas es discutible, pero hubo al menos una Quinta Cruzada entre 1217 y 1221 y una Sexta Cruzada de 1228 a

1229. La última Cruzada sancionada por la Iglesia ocurrió en 1291. Jerusalén fue recuperada brevemente en 1229, pero la moral de los cruzados ya era bastante baja, y finalmente, el período mítico de las cruzadas llegó a su fin. Tierra Santa permaneció en manos musulmanas para siempre.

El Lejano Este

En los primeros siglos después de la muerte de Jesús, se hicieron muchos esfuerzos misioneros para difundir su palabra hacia los confines más al este del mundo conocido. Varios grupos se establecieron bastante temprano en Persia (Irán moderno), y al principio fueron perseguidos. Sin embargo, después del 424, el cristianismo finalmente se estableció. Sin embargo, fue con total independencia de las Iglesias en el oeste. Varios movimientos locales, como los nestorianos, también conocidos como la Iglesia de Oriente y los jacobitas, se fundaron con sus propios estándares particulares y, por lo tanto, fueron considerados heréticos por las principales iglesias. Incluso se prohibió a las personas que practicaban estas creencias entrar en el Imperio bizantino. Estos grupos de cristianos realizaron múltiples misiones en Asia Central y más allá.

En los siglos quinto y sexto, los nestorianos ya estaban establecidos en India y China. El obispo persa A-lo-pen llegó a la capital de China, Chang'an, hoy en día Xi'an, en el año 635. Tuvo bastante éxito en difundir la fe cristiana en todo el imperio, fundar monasterios y traducir textos cristianos al idioma dominante de el tiempo. Los principios cristianos compitieron con los conceptos budistas. Sin embargo, a fines de la dinastía Tang en el siglo X, prácticamente todos los vestigios de la comunidad nestoriana habían desaparecido de China. Pequeños vestigios del cristianismo nestoriano permanecerían presentes, pero se redujo considerablemente.

No sería hasta el siglo XIII que los católicos comenzarían sus propios viajes misioneros hacia el Lejano Oriente, no solo a China, sino también a Asia central y sudoriental. Las tribus mongolas se habían expandido hacia el oeste, prácticamente hasta el borde de Europa, y buscaron contacto con el papa, a quien vieron como el líder europeo más importante.

Los mongoles, que estaban más bien inclinados hacia las opiniones cristianas, dominaron China durante esa época e invitaron a la Iglesia a enviar maestros y sacerdotes a la región. Para el año 1289, el primer misionero católico romano, un franciscano llamado Juan de Monte Corvino, ya había llegado a la capital de China. Tuvo bastante éxito al traducir el Nuevo Testamento y las Epístolas a la lengua mongol y construir una iglesia. En menos de quince años, ya había reunido un fuerte grupo de seis mil católicos chinos bajo su ala.

Sin embargo, esta perspectiva positiva para los cristianos en China no duraría mucho. Los mongoles fueron derrocados por la dinastía Ming en 1368, y el cristianismo ya no fue tolerado después de eso. Para el año 1369, todos los cristianos, ya fueran católicos o nestorianos, habían sido expulsados.

El cristianismo comenzaría a regresar lentamente al este de Asia después del siglo XVI, particularmente con las misiones jesuitas. Hubo viajes activos a China, Malasia (donde los misioneros portugueses ya estaban presentes a mediados del siglo XVI), Tailandia y Japón donde finalmente fracasaron, entre otras naciones. El catolicismo también se consolidó muy bien en Filipinas. Se establecieron múltiples órdenes cuando los españoles introdujeron la religión bajo el liderazgo de Miguel López de Legazpi en 1565, y la religión floreció. Agustinos, jesuitas, carmelitas, franciscanos y dominicos, entre otros, establecieron conventos, escuelas y universidades en todo el país. La tarea fue completamente exitosa: casi el noventa por ciento de la población actual de Filipinas es católica.

Un Nuevo mundo

El reino de España recién instalado a finales del siglo XV era, por supuesto, profundamente católico y cada vez más poderoso, ya que como se dijo anteriormente, los judíos y musulmanes habían sido expulsados. Estaban en una lucha constante con los reinos vecinos sobre quién tendría las mejores rutas comerciales y, por lo tanto, más acceso a las "riquezas" del Este, como especias, sedas y minerales. Estos productos fueron muy codiciados en Europa, pero muy difíciles de conseguir. Los comerciantes necesitaban hacer viajes largos, complicados y peligrosos para llevar estos productos de una parte del mundo a la otra.

Un hombre, Cristóbal Colón, hizo una propuesta audaz a los gobernantes españoles Isabel y Fernando: buscar un camino hacia el Este yendo hacia el otro lado, proporcionando así una ruta novedosa a las tierras de donde provenían los codiciados productos. Pensó que al cruzar el océano que supuestamente separaba a la India del continente europeo, sería capaz de llegar directamente a la costa de la India. ¡Qué equivocado estaba, y cuánto cambiaría el mundo como resultado de este error de cálculo! El resto es historia. Colón, un navegante experimentado, llegó a otra orilla después de arrojar al mar tres barcos, La Pinta, la Niña y La Santa María. Sin embargo, no llegó a la India; en cambio, era un inmenso tramo de tierra del que nadie en el mundo conocido había oído hablar hasta entonces, aunque Leif Eriksson lo había descubierto unos quinientos años antes, nadie en ese momento lo sabía. Unos años más tarde, se llamaría América.

Colón murió sin saber que las tierras exóticas que visitó en sus tres viajes eran parte de un continente diferente al de la India, por lo que siguió diciendo que había estado en las "Indias" y había tratado con "indios". Pero al Reino de España se le presentó la oportunidad más espectacular de su vida: una región llena de oro, plata y otros tesoros inimaginables. Y todo era suyo para explorar, y conquistarlo.

El hecho de que España y Portugal, dos reinos católicos devotos, tomaran el control de toda América Central y del Sur, así como prácticamente todos los territorios del sur de América del Norte, cambió la estructura religiosa de estas tierras para siempre. Fue una tarea épica, pero con una combinación de persuasión y violencia y con la construcción de poderosas instituciones, el destino católico de la región se definiría para los próximos cuatrocientos años.

Los habitantes indígenas se encontraron por primera vez con sacerdotes y monjes con una mezcla de desconfianza e ingenuidad, pero también a veces con absoluta hostilidad. Miles de misioneros comenzaron a abandonar España para la desalentadora tarea de convertir a millones de estos llamados indios. Se estima que México ya tenía más de ochocientos sacerdotes trabajando en México treinta y cinco años después de la caída del Imperio azteca.

Después del siglo XIX, las provincias americanas obtuvieron su independencia, pero el catolicismo se mantuvo con un fuerte punto de apoyo de millones de creyentes.

El proceso de evangelización en las zonas más septentrionales del continente fue completamente diferente, y esto se debe a las fricciones mencionadas entre los cristianos europeos a partir del final del siglo XIV y que condujeron a un cisma mayor menos de cien años después.

Capítulo 5: Cambios Radicales dentro de la Iglesia

Mil años después de que el cristianismo se convirtiera en la religión oficial del Imperio romano, casi todos los habitantes europeos se habían adaptado a una estructura unificada en la que la religión dominaba por completo prácticamente todos los aspectos de sus vidas.

El poder dogmático de la Iglesia católica se estableció firmemente en la región, tal vez demasiado. Esta increíble cantidad de poder eventualmente condujo a la corrupción, tanto espiritual como doctrinal. La Iglesia católica se había vuelto inmensamente rica. Algunas estimaciones indican que, en 1502, el setenta y cinco por ciento de toda la riqueza en Francia pertenecía a ella. La Dieta de Núremberg de 1522 declaró que el cincuenta por ciento de la riqueza de Alemania estaba en manos de la Iglesia. La decadencia había alcanzado todas las esferas, e incluso era común que los sacerdotes concedieran a las mujeres la absolución de sus pecados a cambio de sexo.

El feudalismo también impulsó a la Iglesia a un estado de mayor corrupción durante la Edad Media, ya que muchas de las extensas tierras bajo su control no se utilizaron para causas espirituales sino para actividades seculares. Esto permitió la venta de influencias en las que un "cliente" podría ofrecer un contrato más lucrativo para el uso de esas tierras.

Muchos de los decretos de la Iglesia en ese entonces estaban cada vez más divorciados de lo que decían las escrituras originales. Una cuestión particular, la venta de indulgencias, había puesto a muchas personas en desacuerdo con los líderes eclesiásticos.

Los sacerdotes concedieron el perdón a través de la confesión sacramental, pero esto fue independiente del castigo que uno podría recibir por ciertas fechorías. Entonces, la Iglesia podría dar una indulgencia para que la gente obtuviera la paz por esos pecados. Originalmente, se requería que las personas se sometieran a algún tipo de trabajo espiritual, como visitar un lugar sagrado o realizar obras de caridad de algún tipo. Sin embargo, algunas personas simplemente querían renunciar a la necesidad de realizar estos "castigos" y, a cambio, preferían realizar algún tipo de pago.

A finales de la Edad Media, la venta de indulgencias se había convertido en una práctica común con el dinero que se recaudaba para mantener una forma de vida lujosa para muchos dentro del clero. Hubo, por supuesto, mucho disgusto por esta práctica decadente. "El punto de inflexión", comenta el historiador Peter Watson, "se alcanza en 1476, cuando el papa Sixto IV declara que las indulgencias también podrían concederse a "las almas que sufrieron en el purgatorio". Este "fraude celestial", como describe William Manchester fue un éxito inmediato: para ayudar a sus parientes muertos, los campesinos eran capaces de hacer que sus familias pasaran hambre".

El liderazgo del papa como institución espiritual también se debilitó en la Baja Edad Media. En 1305, el rey Felipe I de Francia había ejercido sus influencias para que Clemente I, un francés y amigo personal suyo, fuera elegido papa. No contento con esto, decidió que la corte papal se mudara a la ciudad francesa de Aviñón en 1309, y permaneció allí hasta 1377. Después de que la corte regresó a Roma, un período conocido como el Cisma de Occidente provocó una batalla por el derecho reclamar la posición del papado. Se proclamaron una serie de papas y antipapas que luego fueron eliminados uno tras otro. Todo esto debilitó la institución papal entre los europeos, que creían que se trataba de una posición que no debería contaminarse con las luchas políticas normales.

La Reforma: Un monje alemán genera el cambio

Un sacerdote agustino educado, que era profesor de teología moral en la Universidad de Wittenberg en Alemania, salió de la oscuridad en el año 1517 de una manera bastante dramática. Este hombre de profunda fe llamado Martin Lutero (1483-1546) publicó un artículo académico de su autoría, sobre la "Diputación sobre el poder de las indulgencias", comúnmente conocido como Noventa y cinco Tesis, a la puerta del Castillo de Wittenberg, lo que provocó el movimiento llamado "La Reforma". Fue un atrevido acto de desafío contra la Iglesia católica, ya que este documento contenía una serie de propuestas y preocupaciones con respecto a varios temas religiosos dogmáticos y prácticos. Cualquiera que se atreviera a desafiar a la Iglesia en aquel entonces corría el riesgo de ser acosado, perseguido e incluso excomulgado.

Un avance revolucionario reciente marcó la diferencia en lo que sucedería después: la imprenta. Unos ochenta años antes, otro alemán, Johannes Gutenberg, había realizado una innovación extraordinaria en una máquina que los chinos habían estado utilizando durante siglos para imprimir documentos en serie. Esta innovación era de tipo móvil, lo que significaba que las letras se podían ajustar de acuerdo con el texto que se iba a reproducir y no un bloque fijo como la versión china. Esto permitió una forma más rápida y económica de reproducir todo tipo de textos.

Antes de que la industria de la prensa masiva comenzara a imprimir miles de libros, principalmente la Biblia, incluso poco después de que el prototipo de Gutenberg cobrara vida, leer y poseer libros era un privilegio reservado para muy pocas personas. En primer lugar, todavía existía un analfabetismo generalizado entre los europeos y, en segundo lugar, los textos escritos a mano eran muy caros, solo las élites más ricas podían pagarlos. Los monjes fueron los encargados de la laboriosa tarea de copiar manuscritos a mano antes de la revolución de la imprenta. El proceso para terminar un libro podría llevar semanas, y la capacitación de estos escribas para poder reproducir letras e imágenes fue agotadora.

La Iglesia también fue muy firme sobre no permitir que la gente común se apoderara de estos valiosos documentos. Se reservaron el conocimiento para sí mismos, y los monasterios protegían bastante los textos que poseían. La educación era poder, y aquellos que tenían las herramientas educativas (libros) pudieron ejercer ese poder de una manera más completa.

El mundo cambió radicalmente gracias a la imprenta, ya que se convirtió en una herramienta esencial para la educación. Más personas pudieron tener un acceso más barato a los libros y, por lo tanto, más poder al alcance de sus manos y cabezas. Entonces, cuando Martin Lutero publicó sus tesis, las copias impresas se distribuyeron rápidamente en toda la región y más allá. Esto significó que miles de personas se enteraron de las ideas de Lutero con bastante rapidez.

Al principio, la idea de Lutero era presentar varias consideraciones a la Iglesia católica, no simplemente ir en contra de ella. Pero a las autoridades no les gustaron sus "proposiciones en absoluto", y en 1521, la Dieta de Worms lo excomulgó y lo condenó como un forajido. Sin embargo, Lutero tenía sus seguidores, y bajo la protección de algunos príncipes alemanes, continuó trabajando e incluso tradujo la Biblia al alemán, algo que no se había escuchado, ya que los escritos religiosos europeos solo se leían y escribían en latín. Este fue precisamente otro factor clave que evitó que la gente común accediera a estas obras; les era imposible entender completamente las escrituras, ya que muy pocos podían entender el latín. Lutero creía firmemente que la Biblia debería enseñarse para que todos pudieran entender su mensaje, y su traducción de la Biblia solo aumentó su popularidad.

Otra idea revolucionaria de Lutero fue que los sacerdotes podían casarse. De hecho, se casó con una ex monja, y tuvo seis hijos con ella y una relación larga y estable.

En 1524, una revuelta de los campesinos alemanes llevó a la implementación de los principios de Lutero dentro de la región. El luteranismo se instaló como religión oficial poco después en toda Alemania, Escandinavia y partes de la región báltica.

Otos "Rebeldes" hacen lo mismo

Las ideas de Lutero se extendieron como un polvorín en muchas regiones europeas, y poco después, otros líderes hicieron lo mismo al adoptar algunos de sus principios.

Para 1519, los sermones de un pastor suizo llamado Ulrich Zwingli estaban teniendo un impacto en la ciudad de Zürich, comenzando así la Reforma Suiza.

Francia también se había visto afectada por las ideas de la Reforma en 1541. Un protestante francés, Juan Calvino (1509-1564), exiliado en Suiza, había trabajado febrilmente en varias ideas sobre una doctrina religiosa innovadora. Escribió "La Institución de la Religión Cristiana" en Ginebra, que se extendió con éxito a los Países Bajos, Escocia, Francia y Transilvania. Lo que se conoció como Calvinismo fue finalmente adoptado como una rama cristiana protestante formal en muchas de estas áreas poco después.

La Reforma en Inglaterra se implementó por varias razones que no tenían mucho que ver con la religión y la doctrina en sí, sino con la política.

El rey Enrique VIII estaba buscando un heredero masculino, pero su esposa, Catalina de Aragón, no había podido darle uno. De los seis hijos que tuvieron juntos, solo uno, una niña llamada María, sobrevivió hasta la edad adulta. Entonces, solicitó una anulación de su matrimonio, que el Papa Clemente VII negó. Enrique no perdió el tiempo discutiendo este tema con Roma, y en 1534, decidió que solo él sería el jefe de una nueva iglesia para Inglaterra.

Enrique adoptó una forma de protestantismo imbuido de muchas ideas calvinistas y finalmente se salió con la suya. Anuló su matrimonio con Catalina. Sin embargo, la lucha por tener un hijo encontró muchos obstáculos en el camino, y Enrique se casó cinco veces más.

Al final, todo lo que hizo Enrique VIII para producir un heredero masculino de larga duración fue en vano. Su muy querido hijo sobreviviente, Eduardo VI, solo gobernó durante seis años, de nueve a quince años, antes de morir por consumo, como se llamaba a la tuberculosis en ese entonces.

Es irónico que las dos hijas sobrevivientes de Enrique VIII fueran las que se convirtieran en las próximas gobernantes de Inglaterra durante muchos años después de su muerte.

Primero vino María Tudor, la hija de Enrique con Catalina de Aragón, que por un tiempo limitado intentó restaurar el catolicismo romano en Inglaterra. Su madre había sido una católica española acérrima, por lo que su lealtad estaba con el papa en Roma. Tuvo éxito por un tiempo, aunque solo a través del uso de métodos sangrientos para mantener la disciplina religiosa. La reina María ordenó múltiples ejecuciones de quienes se oponían a la restauración del catolicismo, y estos procedimientos crueles le valieron el apodo de "Bloody Mary"

Después de la muerte prematura de María debido a una enfermedad dentro de los cinco años de su reinado, su media hermana menor la sucedió. Esta joven pelirroja se convertiría en una de las reinas más famosas de todos los tiempos, Isabel I, y gobernó Inglaterra durante más de cuarenta años. Ella restauró el protestantismo en el país, pero para complacer a la mayor cantidad posible de personas, implementó la idea en forma moderada, lo que se convirtió en la nueva Iglesia de Inglaterra o Iglesia anglicana la cual tomó elementos tanto del calvinismo como del catolicismo.

La Contrarreforma: la Iglesia Católica reacciona

Las innovaciones religiosas que Lutero, Calvino y otros habían inyectado en muchos de los países del norte de Europa tuvieron una lenta respuesta en nombre de las autoridades católicas. Hubo algunos cambios positivos debido al principio de que el protestantismo había venido por una buena razón, aunque tuvo unos resultados más oscuros.

El Concilio de Trento, que se reunió varias veces entre 1545 y 1563, condenó la Reforma, aunque hizo una profunda reflexión sobre las causas que la condujeron. Las autoridades decidieron mantener muchas de las prácticas que habían causado la ira de los reformadores, pero prohibieron cualquier tipo de abusos derivados de ellos. Se estableció un conjunto de nuevas reglas con respecto a la venta de indulgencias y estándares morales dentro de los conventos, entre otros temas.

Este nuevo período del catolicismo después de la Reforma se conoce como la Contrarreforma o el Renacimiento católico. Hubo un cambio hacia más espiritualidad y mejores estándares de educación. Se establecieron nuevas órdenes religiosas, como los jesuitas, que tenían un fuerte compromiso en términos de logros intelectuales y reglas morales rígidas.

Entonces, la Contrarreforma fue un período con mayores niveles de misticismo y austeridad, pero también impuso medidas estrictas que llegaron a tales extremos que trajeron el episodio más oscuro de la Inquisición.

La institución de la Inquisición había existido desde el siglo XII, principalmente en Francia, Alemania y el norte de Italia, y estaba dedicada a la lucha contra la herejía. Algunos de sus casos más infames en esos tiempos fueron la tortura y ejecución de miles de

Caballeros Templarios, principalmente por razones políticas y monetarias, así como el juicio y ejecución de Juana de Arco, la heroína francesa del siglo XV de los Cien Años.

Guerra contra los británicos

La Iglesia tenía un gran temor a la actividad herética, pero también desconfiaba de cualquier actitud sospechosa que pudiera parecerse a algún tipo de postura rebelde similar a lo que había sucedido durante la Reforma. Era demasiado arriesgado; solo continuarían perdiendo seguidores, poder y más de sus posesiones antiguas si permitían que continuara sucediendo. En las tierras donde el luteranismo y el calvinismo habían echado raíces muchas de las propiedades de la Iglesia católica, incluidas las catedrales, capillas y monasterios, fueron saqueadas, destruidas o confiscadas.

La institución dedicada a perseguir a quienes cometieron herejía recibió nuevas bases para investigar también la disidencia religiosa, por lo que después del período de la Reforma, la Inquisición escaló a nuevos niveles de crueldad.

La Inquisición española: El régimen del Terror

Incluso antes de que comenzara la Contrarreforma, las oficinas de la Inquisición se habían expandido a España y Portugal, y lo hicieron en el siglo XV. Los españoles, en particular, tuvieron dificultades para tratar con los conversos, aquellos musulmanes y judíos que se habían convertido al cristianismo más a menudo por pura presión, practicidad y miedo que por convicción. Los gobernantes Fernando e Isabel creían que la instalación de una oficina de la Inquisición dentro de su territorio ayudaría en estos "problemas".

El fraile dominico que fue puesto a cargo de la Inquisición se convertiría más tarde en sinónimo de horror y fanatismo bárbaro: el nefasto Tomás de Torquemada. Desde su puesto como inquisidor general, desató el terror entre muchos. La tortura se hizo galopante y alrededor de dos mil personas fueron quemadas en la hoguera. Incluso San Ignacio de Loyola, el fundador de los jesuitas y un famoso teólogo, fue arrestado dos veces después de ser sospechoso de herejía.

Las quejas contra Torquemada se dirigieron al papa Alejandro VI. Estaba tan abrumado por todas las terribles historias que inmediatamente dirigió una iniciativa para frenar el poder de Torquemada. Esto se logró en parte con el nombramiento de cuatro inquisidores asistentes.

El reinado de terror de la Inquisición española no terminó con la muerte de Torquemada en 1498; en cambio, la institución fue llevada al norte de África y al "Nuevo Mundo", esos territorios que ahora se llaman América y que estaban bajo el dominio español.

Se estableció una oficina de Inquisiciones en México en 1570, que perseguía a herejes y protestantes por igual, así como a Marranos, aquellos judíos convertidos que también seguían practicando las costumbres judaicas. A partir de ahí, la institución se extendió al resto de las provincias del Nuevo Mundo.

La Inquisición en España y América fue tan dura que los grupos protestantes decidieron no establecer sus comunidades dentro de estos territorios para siempre. La infame institución no fue abolida en estas regiones hasta el siglo XIX. La última persona que fue ahorcada bajo sus decisiones fue un maestro de español en 1826, acusado de herejía.

La Inquisición Romana: Reacción contra la Reforma

Después del inicio de la Reforma Protestante en la mayoría de los países del norte de Europa, las autoridades católicas en Roma estaban desesperadas por activar algún tipo de contramedida. Su influencia había disminuido drásticamente en estas regiones, y también desconfiaban de cualquier otra actividad que pudiera considerarse herética. Entonces, presuntos brujos, los judíos que no se habían convertido, la hechicería, la inmoralidad y, a veces, incluso aquellos que perseguían ideas similares a la humanidad del

Renacimiento podían ser acusados y juzgados en los tribunales de la Inquisición.

La Inquisición en Roma durante este tiempo fue mucho menos radical que su contraparte en España, y muchos de los casos terminaron con el establecimiento y pago de multas, confiscación de bienes o cargos burocráticos, en lugar de ser quemadas en la hoguera o torturadas hasta la muerte. Sin embargo, abrió la puerta para que entraran muchos conflictos religiosos, lo que sumergiría al continente europeo en luchas, persecuciones crueles y una guerra abierta durante la mayor parte de los siglos XVI y XVII. También trajo algunos casos terribles de injusticia y atraso absoluto, como el juicio de 1633 contra el famoso físico y astrónomo Galileo Galilei, en el que fue acusado de herejía por afirmar que la Tierra giraba alrededor del sol. Tuvo que pasar el resto de sus días bajo arresto domiciliario

La Guerra de los 30 años

El Sacro Imperio romano todavía existía en el siglo XVII y comprendía la mayoría de los territorios en el oeste, centro y sur de Europa. El aumento del sentimiento nacional en muchos de los estados que lo integraban, acompañado del hecho de que algunos todavía eran católicos y otros ya se habían adherido al protestantismo, eventualmente condujo a una mayor tensión dentro de sus fronteras.

Carlos V, el emperador del Sacro Imperio romano durante la época de Martín Lutero, se encontró con el hecho de que sus dominios se habían dividido entre católicos y protestantes. Luchó contra los príncipes alemanes durante todo su reinado, aunque no con mucho éxito. La Reforma había llegado para quedarse en la mayoría de los estados del norte, oeste y este de Europa, y esto era simplemente algo que no podría superar.

La transición final al protestantismo en el resto de Europa fue la de continuos enfrentamientos, revueltas y guerras también. La lista de confrontaciones es larga y sangrienta, y muchos de los conflictos duraron por años con las terribles consecuencias que trajeron en términos de vidas humanas, desastres económicos e inestabilidad política.

La conquista Tudor de la Irlanda católica entre 1529 y 1603 provocó una serie de revueltas y la Guerra de los Nueve Años, también llamada la Rebelión de Tyrone. Francia sufrió un largo período de guerra entre 1562 y 1598 que lanzó a los católicos contra los hugonotes (protestantes franceses de la doctrina calvinista) y dejó más de tres millones de muertos. La Guerra de Independencia holandesa (1568-1648) puso a los Países Bajos, Luxemburgo y Bélgica, que habían adoptado el protestantismo, contra el actual rey católico español. Este conflicto duró ochenta años, razón por la cual también se conoce como la Guerra de los Ochenta años. También hubo la rebelión anabautista de Münster (1534–1535) en Alemania, la contienda del conde danés / noruego (1534–1536), la guerra de los obispos de Estrasburgo (1592–1604) en el Sacro Imperio romano y la revuelta bohemia (1618– 1620), entre muchas otras disputas. Finalmente, todo esto provocó el conflicto más terrible de todos: la Guerra de los Treinta Años.

El Sacro Imperio romano se dividió tras la muerte de Carlos V, y sus sucesores instalaron algún tipo de tolerancia hacia los protestantes. Hubo un período relativo de neutralidad religiosa y paz a fines del siglo XVI y principios del siglo XVII en esta región de Europa. Sin embargo, todo esto cambiaría con el Rey de Bohemia, Fernando II, quien asumió el cargo de emperador del Sacro Imperio romano en 1619.

Un seguidor profundo del catolicismo, Fernando II buscó activamente restaurar el dominio católico obligatorio sobre sus dominios, pero se encontró con el desafío y la resistencia en nombre de los príncipes alemanes.

Los bohemios protestantes se rebelaron contra Fernando, depositando a sus representantes y nombrando a un calvinista, Federico V, como Rey de Bohemia. Fernando se apresuró a contratacar, desatando el comienzo de una guerra que duraría treinta años y diezmaría a un alto porcentaje de la población de las áreas involucradas.

Los estados católicos del sur del Sacro Imperio romano formaron la Liga Católica e inicialmente aplastaron la rebelión protestante. Un gran número de príncipes alemanes fueron ejecutados junto con muchos líderes protestantes.

Otras naciones protestantes reaccionaron rápidamente a la forma en que Fernando manejaba la situación y condenaron los asesinatos, expresando su pleno apoyo a los rebeldes. Esto complicó la situación aún más. Lo que básicamente comenzó como un conflicto interno ahora se había convertido en una guerra continental a gran escala. España, Inglaterra, Francia, Suecia, Dinamarca, Hungría, muchos estados italianos y la República Holandesa se involucraron en el conflicto.

La España católica había perdido recientemente sus dominios en los Países Bajos y se dispuso a recuperarlos. La República Holandesa, ahora ferozmente protestante, contraatacó. Los borbones franceses, aunque todavía eran principalmente católicos, decidieron ponerse del lado de los protestantes holandeses para contrarrestar la dinastía española de los Habsburgo, una casa influyente que había ocupado el asiento del poder en el Sacro Imperio romano desde 1438.

Los ejércitos enfrentados y los grupos de mercenarios lucharon en toda Europa, desatando estragos en todas partes. Las tasas de mortalidad se dispararon, la economía se aplastó y la población del continente pasó por la hambruna, así como muchos otros tipos de dificultades inimaginables. Por ejemplo, la plaga surgió, desatando su fuerza mortal sobre la gente.

En resumen, Europa sufrió terribles pérdidas durante estas tres décadas de conflicto, que terminó en 1648 con las fuerzas principales de la guerra, el Sacro Imperio romano, Suecia y Francia, firmando un grupo de tratados en lo que se conocería como la Paz de Westfalia.

Se estima que la Guerra de los Treinta Años eliminó alrededor del cuarenta por ciento de la población de Alemania, con un tercio de sus ciudades completamente destruidas. Otros países también sufrieron muchas pérdidas y altos porcentajes de personas que se reubicaron

El cambio estructural de Europa

Los siglos posteriores a la Reforma y la Contrarreforma cambiaron radicalmente la faz de Europa, no solo en un aspecto religioso sino también en su estructura económica, intelectual, cultural y política.

Las consecuencias de la Guerra de los Treinta Años fueron catastróficas para muchas regiones. Sin embargo, el continente eventualmente vio el comienzo de una nueva era, provocando un período de mayor esplendor. Las universidades se fortalecieron y se informaron más, gracias en parte al impulso del protestantismo por la alfabetización; surgió la era de la Ilustración, principalmente debido al aumento del secularismo en la vida cotidiana; las artes florecieron más que nunca antes; y el capitalismo puso sus motores en movimiento rápido, brindando una calidad de vida nunca antes pensada a los habitantes europeos.

Una de las principales consecuencias de la Guerra de los Treinta Años fue inequívocamente una mayor libertad religiosa para la mayoría de los europeos. Muchos estados, ya fuera que se convirtieran en protestantes o siguieran siendo católicos al final, ahora aceptaban a la mayoría de las minorías religiosas dentro de sus fronteras. Muchos intelectuales influenciados por las ideas discutidas durante la Ilustración se distanciaron de las instituciones religiosas (aunque no de la religión misma). Los orígenes, la moral y la doctrina del cristianismo se debatieron, creando, por un lado, una sociedad más secular, pero también infundiendo a la religión una visión más moderna de muchos de sus principios antiguos.

Por otro lado, el protestantismo irónicamente también hizo que muchos adoptaran una opinión más ortodoxa y conservadora de la religión, incluso más que el catolicismo tradicional. Algunas de las nuevas denominaciones, en su mayoría de origen calvinista, incorporaron puntos de vista muy estrictos del principio cristiano.

América del Norte: De la libertad religiosa a un comienzo difícil

No todo fue color de rosa en Inglaterra después de que el país declaró su independencia del dominio católico y estableció su propia Iglesia. El error de la libertad religiosa, la elección de interpretar las Escrituras y la doctrina de diversas maneras, se había extendido entre muchos grupos, no solo en este país, sino también en otros lugares de Europa. Una variedad de subgrupos religiosos comenzó a florecer como resultado.

Uno de estos movimientos, los puritanos, comenzó a expresar una serie de quejas contra la ahora gobernante Iglesia de Inglaterra que vieron como corruptas. La persecución contra ellos comenzó poco después, y una gran cantidad de puritanos huyeron a Holanda, donde la libertad de practicar su fe no sería tan infringida. En 1620, escucharon que un barco, el Mayflower, pronto zarparía hacia un área de Virginia en Estados Unidos, donde la Corona Británica permitiría que estos disidentes religiosos se establecieran. Con la esperanza de encontrar esta libertad tan buscada, se unieron a otro grupo de colonos, que luego serían conocidos como los Peregrinos, y zarparon. Después de enfrentar una tormenta en medio del océano, el Mayflower fue desviado de su curso y terminó más al norte de lo que pretendía. Este grupo aventurero construyó el primer asentamiento permanente en esta área, Plymouth, Massachusetts, donde había muy pocos europeos en ese momento.

Los puritanos decidieron que esta era definitivamente la tierra para establecerse, y desde esta fecha hasta 1640, miles de sus compañeros creyentes acudieron en masa a las áreas vecinas en la costa noreste de la colonia británica.

Diversas líneas de otros protestantes rebeldes, entre ellos bautistas, metodistas, presbiterianos, cuáqueros y amish, también emigraron a diferentes regiones de América del Norte, principalmente en el este. Compartieron este variado panorama religioso con la propia Iglesia de Inglaterra, los luteranos de habla alemana y una pequeña comunidad de judíos, así como los católicos y hugonotes más al sur. Muchos de los estados que componen el actual sur de los Estados Unidos todavía eran colonias españolas y francesas en aquel entonces.

Sin embargo, no todo era tan prometedor como parecía. Aquellos puritanos que buscaban la libertad de practicar sus creencias pacíficamente, miraban irónicamente a otras ramas cristianas con desprecio, y comenzaron a perseguir a todos aquellos que veían como seguidores "impuros" o "imperfectos" de Cristo. Establecieron una especie de teocracia dentro de las provincias sobre las que tenían control. Incluso las brujas fueron asesinadas, y uno de los casos más famosos fue el juicio de brujas de Salem entre 1692 y 1693, donde más de doscientas personas fueron acusadas de brujería.

En consecuencia, los comienzos del cristianismo en América del Norte no fueron tan "libres" o pacíficos como muchos creerían. Los enfrentamientos entre diferentes sectas protestantes, y de estos con católicos, a menudo terminaron en violencia.

Los católicos españoles también realizaron sus propias ejecuciones en todas las colonias que controlaban en América del Norte. Kenneth C. Davis describe cómo, en lo que ahora es el estado de Florida, "el comandante español, Pedro Menéndez de Avilés, escribió al rey español Felipe II que había colgado a todos los que habíamos encontrado en Fort Caroline porque... estaban esparciendo la odiosa doctrina luterana en estas provincias. Cuando cientos de sobrevivientes de una flota francesa naufragada llegaron a las playas de Florida, fueron atacados".

Esta hostilidad entre un grupo y otro básicamente persistió durante toda la era colonial hasta que Estados Unidos logró la independencia de Gran Bretaña. Al principio de la República persistió cierta discriminación basada en la religión, por lo que intervinieron los Padres Fundadores del país.

Mientras todavía era gobernador de Virginia, Thomas Jefferson redactó un proyecto de ley en 1777 con el objetivo de garantizar la igualdad legal entre todas las religiones, incluso para aquellos que no profesaban ninguna, un decreto tremendamente progresivo para la época. Sus palabras, "pero no me perjudica que mi vecino diga que hay veinte dioses o ningún Dios. No me arranca el bolsillo ni me rompe las piernas", se volverían muy famosas en los años siguientes.

El futuro presidente James Madison, como gobernador de Virginia, envió un decreto que sentaría las bases de esta separación religión / estado. Declaró que "la religión de cada hombre debe dejarse a la convicción y la conciencia de cada... hombre para ejercerla como lo dicte. Este derecho es en su naturaleza un derecho inalienable". Con respecto al apoyo estatal de una religión específica, señaló que "la misma autoridad que puede establecer el cristianismo, con exclusión de todas las otras religiones, puede establecer con la misma facilidad cualquier secta particular de cristianos, en exclusión de todas las otras sectas".

Las acusaciones de Madison sentaron las bases sobre las cuales Thomas Jefferson basó su Ley de Virginia de 1786 para establecer la libertad religiosa. Madison comentó con satisfacción que la ley "debía comprender, dentro del manto de su protección, a los judíos, gentiles, cristianos y mahometanos, hindúes e infieles de todas las denominaciones".

La Declaración de Derechos del nuevo país también ayudó a poner fin a las luchas religiosas, al menos legalmente, al separar la iglesia y el estado. Su Primera Enmienda declaró que el Congreso "no debe promulgar ninguna ley que respete el establecimiento de una religión o que prohíba el libre ejercicio de la misma". La libertad de profesar la religión que uno quisiera se había establecido formalmente en los Estados Unidos.

El sentimiento anticatólico y antijudío todavía estaba generalizado en los EE. UU. Durante el siglo XIX y persistió hasta el siglo XX, pero la igualdad y la libertad religiosa estaban completamente defendidas por la ley. Esto permitió la difusión de muchas denominaciones nuevas dentro de la rama protestante. Estas nuevas iglesias se expandieron gradualmente de este a oeste, y eventualmente al sur del continente, desde el siglo XIX en adelante.

Los bautistas, basados en los principios calvinistas, se dividieron en varios grupos y ahora son independientes entre sí. La Iglesia de Jesucristo de los Santos de los Últimos Días (mormones) fue fundada en los EE. UU. en la década de 1820 y estableció un conjunto de principios completamente nuevos. Los seguidores estadounidenses de la Iglesia de Inglaterra se fusionaron en varias denominaciones nuevas, dividiéndose en su mayoría entre los episcopales y los metodistas unidos. Otra denominación bastante controvertida, los Testigos de Jehová, también conocida como la Sociedad Watchtower, fue fundada en los Estados Unidos durante el año 1879 en la ciudad de Pittsburgh, Pensilvania. Más recientemente, la Iglesia de Cristo Unida, formada oficialmente en 1957, reunió a muchos congregacionalistas históricos y otras denominaciones de la tradición puritana. Y la lista sigue y sigue...

Los católicos en los Estados Unidos ganaron un nuevo terreno hacia finales del siglo XIX, cuando millones de europeos de Italia, Irlanda y otros países donde el catolicismo seguía siendo la religión dominante comenzaron un largo proceso de inmigración a Estados Unidos. Esta catolización se fortaleció aún más con las masas más recientes procedentes de América Latina, donde el catolicismo se estableció como la fe predominante desde sus días como parte del Imperio español

Capítulo 6: El Cristianismo en la actualidad

Los días en que los cristianos lucharon entre ellos en guerras feroces con miles o millones de víctimas entre muertos y torturados básicamente han terminado. Estamos en lo que podríamos llamar los "tiempos modernos" donde no hay animosidades significativas entre los diferentes grupos. Sin embargo, surgen nuevos desafíos.

Casi un tercio de la población mundial actual es cristiana, lo que significa más de 2.200 millones de personas de todas las edades en todas las áreas del planeta. El cristianismo permanece dividido en tres ramas principales, cada una con sus propias costumbres y tradiciones, aunque todas están unidas sin ninguna duda en su seguimiento de Jesucristo y la Biblia como texto sagrado.

La Iglesia católica romana reúne alrededor del cincuenta por ciento de los cristianos del mundo, totalizando aproximadamente el dieciséis por ciento de la población del planeta. Están unidos bajo el liderazgo del Papa, con sede en el Vaticano, una ciudad-estado independiente enclavada dentro de la capital italiana de Roma.

También llamada la Santa Sede, es el país más pequeño del mundo, con una extensión de solo 0.44 kilómetros cuadrados (0.27 millas).

La segunda rama más grande del cristianismo se encuentra ubicada dentro de la categoría de los protestantes, que se derivó del gran cisma del siglo XVI iniciado por Lutero y Calvino, existiendo así durante más de quinientos años. Estos comprenden alrededor del treinta y siete por ciento de la población cristiana del mundo, unos ochocientos millones de almas.

Los luteranos todavía forman un grupo grande, altamente identificable y se basan principalmente en Alemania, pero tienen iglesias en todo el mundo, especialmente donde los descendientes de este país han emigrado. Los calvinistas se han convertido en varias denominaciones, básicamente identificadas como cristianos reformados o protestantes. Los hugonotes siguen siendo una fuerza fuerte entre muchos ciudadanos franceses y hoy en día están unidos bajo la Iglesia Evangélica Reformada de Francia.

Como se vio en el segmento sobre cristianismo en los Estados Unidos, las divisiones protestantes modernas son numerosas, desde bautistas nacionales, bautistas del sur, pentecostales y metodistas, hasta presbiterianos, episcopales, evangélicos y adventistas del séptimo día. Se podría decir que hay tantas interpretaciones de las enseñanzas de Jesús como categorías de iglesias protestantes. Algunos son más similares en doctrina que otros, pero en general, expresan tantos matices como denominaciones.

Por último, pero no menos importante, las Iglesias católicas orientales, o las Iglesias ortodoxas orientales, comprenden aproximadamente el doce por ciento de los cristianos en todo el mundo. El más grande de estos grupos orientales, y el segundo más grande de todas las iglesias cristianas, es la Iglesia ortodoxa oriental, oficialmente llamada la Iglesia católica ortodoxa, con alrededor de 200 a 260 millones de miembros.

Cada una de las iglesias con sede en el este todavía está dirigida por su propio jefe teológico, dependiendo del país o región en la que se encuentren. Por ejemplo, la Iglesia católica copta tiene su patriarca; la Iglesia ortodoxa rusa también se jacta de su líder, gobernando desde Moscú; y el Patriarcado Ecuménico de Constantinopla está dirigido por un arzobispo independiente. Esta lista sigue y sigue e incluye maronitas, católicos armenios, griegos rutenos y católicos etíopes. Cada uno tiene sus propios líderes y convencionalismos. Casi el cuarenta por ciento de los cristianos ortodoxos viven en Rusia. Hay otra pequeña proporción, alrededor del uno por ciento, de cristianos que no pertenecen a ninguna de las tres ramas principales.

Perspectiva regional

El Foro sobre Religión y Vida Pública del Centro de Investigación Pew informa que, aunque "en 1910, aproximadamente dos tercios de los cristianos del mundo vivían en Europa, donde la mayor parte de los cristianos habían estado durante un milenio", esta proporción de la población mundial cristiana ha disminuido drásticamente desde entonces. Hoy en día están "tan extendidos geográficamente, de hecho, tan lejos que ningún continente o región puede afirmar indiscutiblemente que es el centro del cristianismo global"[v].

Sin embargo, hay una población cada vez mayor de cristianos en áreas donde eran prácticamente inexistentes hace menos de cien años, como el África subsahariana y la región de Asia y el Pacífico. Esto ha cambiado la dinámica de la población y las instituciones cristianas.

Contrariamente a las tendencias mundiales, hay más protestantes, en su mayoría pentecostales y evangélicos, que católicos en la mayoría de estos países del África subsahariana. Sin embargo, podemos encontrar algunas excepciones; por ejemplo, casi la mitad de toda la población en Uganda es católica.

De todos modos, esta región es principalmente cristiana, sesenta y tres por ciento en total, según el Centro de Investigación PeW, y el resto es musulmana, una circunstancia que ha provocado tensiones continuas. Ha habido una serie de enfrentamientos violentos entre ambos grupos religiosos en las últimas décadas que terminaron en derramamiento de sangre en más de una ocasión. El estudio de 2010 del Centro de Investigación Pew sobre el islam y el cristianismo en África subsahariana informa que "en ocho de las diecinueve naciones encuestadas, al menos tres de cada diez personas dijeron que el conflicto religioso era un problema" muy grande "en su país.

El alto crecimiento de la población en esta área de África también plantea una serie de otros desafíos. Se espera que su población cristiana se duplique para el año 2050, lo que significa que tendrá más de mil millones de creyentes en ese momento. Comprenderá una proporción importante de la comunidad cristiana mundial.

El auge de las prácticas seculares en muchos lugares donde el cristianismo había sido la religión principal hasta hace poco, se está probando su futuro, e incluso su supervivencia. Especialmente en Europa occidental y en algunas partes de las Américas, cada vez menos personas van a la iglesia, bautizan a sus hijos o siguen ciertos principios tradicionales, como el celibato antes del matrimonio, esto está sucediendo particularmente dentro del grupo de edad denominado milennials. Las tasas de divorcio y las parejas que viven juntas sin casarse están creciendo a escala mundial. Según la revista Christian Century, con sede en Chicago, nueve iglesias cierran todos los días en los Estados Unidos.

¿Cuál podría ser la razón de este fenómeno? Según los estudios sobre el tema, existen múltiples enfoques para comprender las causas de este predominio cristiano disminuido en las civilizaciones occidentales. Por ejemplo, muchas de las responsabilidades sociales normalmente reservadas a la Iglesia, como alimentar a los hambrientos, han sido asumidas por el estado. Además, después de ambas guerras mundiales, donde un alto porcentaje de la población sufrió o murió, la gente recurrió a la incredulidad de un poder superior.

Históricamente, casi todos los esfuerzos misioneros internacionales tradicionales eran católicos y provenían de Europa, sin embargo, ahora están disminuyendo rápidamente. Las misiones protestantes ahora están tomando su lugar, y la mayoría de sus viajes misioneros comienzan desde los Estados Unidos.

El auge de la tecnología y el conocimiento avanzado en varios campos científicos también ha afectado las creencias religiosas tradicionales. Aunque muchos científicos afirman que los hallazgos modernos los han acercado a Dios, las reglas y doctrinas estrictas dentro de muchas iglesias cristianas tienden a ser menos seguidas en vista de las explicaciones científicas de muchos enigmas antiguos. Con un estilo de vida más inclinado hacia la libertad y la prosperidad económica, muchas normas institucionales generalmente se siguen de manera más flexible, si es que lo hacen en algunos casos.

Otro problema que enfrentan algunos grupos cristianos es la caída en la tasa de fertilidad. El caso particular de Europa de una población en declive es especialmente notable, ya que el cristianismo fue la única religión predominante durante muchos siglos en el continente. Más recientemente, las personas que profesan otras religiones se han establecido de manera constante en el continente y experimentan tasas de natalidad más altas que los europeos que ya vivían allí. Las estimaciones indican que esta situación alterará radicalmente el diseño religioso europeo en unas pocas décadas.

El cristianismo, sin embargo, sigue siendo fuerte. No obstante, muchos nuevos seguidores están adaptando sus propias costumbres locales particulares y creencias tradicionales a su fe, creando así una nueva era del cristianismo con sus propias características. Los cristianos en África, por ejemplo, no han descartado algunas de las antiguas tradiciones de sus religiones originales. Muchos todavía creen en la reencarnación, practican la brujería, usan curanderos religiosos y / o hacen sacrificios a sus antepasados.

En una era de ganancias constantes en riqueza material, tecnología y escepticismo hacia la vida en general, el cristianismo se ha adaptado. Como con cada giro importante de los acontecimientos en la historia humana, la religión probablemente se reajustará para acomodarse a las nuevas generaciones. El liderazgo de la iglesia dentro de cada denominación seguramente continuará cambiando tanto en estilo como en muchos temas fundamentales. Al final, la necesidad de respuesta espiritual y tranquilidad moral siempre estará ahí, y el cristianismo continuará obligando a los creyentes a buscar las respuestas a muchas preguntas eternas.

Conclusión

La larga, compleja, cruel a veces, pero finalmente hermosa historia de la evolución del cristianismo ha llenado miles de páginas escritas por todo tipo de autores de muchas nacionalidades. Hay cientos de libros que interpretan todos y cada uno de los aspectos de su doctrina, líderes, creencias y destino. La gente podría pasar toda su vida leyendo sobre esta religión y nunca llegar al final de las páginas escritas al respecto. Esto nos da una idea de cómo el estudio del cristianismo debería tener un enfoque multifacético.

Historia del cristianismo: una guía fascinante de sus momentos más cruciales presenta solo una breve suma de la evolución del cristianismo e introduce algunos conceptos principales para explicar cómo comenzó y evolucionó esta religión. También menciona ciertos hechos y circunstancias históricas como una forma de ubicarlo dentro de un contexto más amplio. Sin embargo, el objetivo final es atraer a los lectores a aprender más sobre esta saga, que tiene muchos seguidores apasionados y detractores feroces. Muchos de los líderes y personas comunes que han dejado su huella en la evolución del cristianismo ni siquiera fueron mencionados, aunque esto no disminuye sus logros extraordinarios. La lista es simplemente demasiado larga.

Simplemente leyendo las biografías de los santos oficiales, uno puede descubrir capítulos sobresalientes dentro del mundo cristiano. Algunos de ellos son venerados solo por seguidores católicos, protestantes u ortodoxos, pero algunos son tan sobresalientes que son venerados por todas las denominaciones cristianas.

Tomemos, por ejemplo, la vida y los escritos filosóficos del fraile italiano del siglo XIII Santo Tomás de Aquino o la saga épica de San Jorge, el mártir griego de Capadocia relacionado con la famosa leyenda de él matando a un dragón. Las biografías de estos líderes de la Iglesia son magníficas y están llenas de todo tipo de hechos fascinantes de su tiempo y trabajo dentro del cristianismo.

También hay santas femeninas impresionantes con historias increíbles. Santa Úrsula fue una virgen valiente que tomó la difícil decisión de morir, junto con miles de otras compañeras que estaban con ella, antes de ser secuestrada por una horda de hunos en el año 393 d. C. Otra santa, Ángela de Merici, eligió esta conmovedora historia de Úrsula para nombrar su proyecto pionero de educación femenina, algo casi desconocido en el siglo XVI, fundando así la compañía de Santa Úrsula con visión de futuro en 1535. ¿Y que podría ser más fascinante que leer sobre una mujer que se convirtió en una de las escritoras más famosas de su tiempo, que incluso creó poemas de contenido erótico, y en la España del siglo XVI de todos los lugares? Esta santa de vanguardia no es otra que Teresa de Ávila, también conocida como Santa Teresa de Jesús.

Estos son solo algunos de los muchos ejemplos igualmente fascinantes de la riqueza de la historia del cristianismo. Esperamos que este libro despierte la curiosidad de nuestros lectores por descubrir y leer más sobre esta impresionante saga de la historia humana.

Fuentes

https://www.biblegateway.com

https://www.history.com/topics/religion/history-of-christianity

https://en.wikipedia.org/wiki/History_of_Christianity

https://www.bible-history.com

https://edition.cnn.com/2013/11/12/world/christianity-fast-facts/index.html

https://www.vaticannews.va/en/pope/news/2019-04/homily-of-fr-cantalamessa-for-good-friday-full-text.html

https://www.bible.com/bible/compare/ISA.9.6-7

http://www.archpitt.org/the-immaculate-conception-the-conception-of-st-anne-when-she-conceived-the-holy-mother-of-god-according-to-the-ruthenian-tradition/

https://www.youtube.com/watch?v=yL-8lRHlEXc

http://www.quranicstudies.com/historical-jesus/the-virginal-conception-of-jesus/

https://www.biography.com/religious-figure/saint-mark

https://www.cbsnews.com/news/the-unexpected-pagan-origins-of-popular-christmas-traditions/

http://evidenceforchristianity.org/

https://www.catholic.org

https://www.whychristmas.com

https://biblearchaeologyreport.com/2018/08/09/did-first-century-nazareth-exist/

https://www.christianitytoday.com/history/2018/december/putting-christ-back-in-christmas-not-enough-nativity-americ.html

https://www.levitt.com/essays/language

https://www.ucg.org/the-good-news/good-news-interview-carsten-peter-thiede-when-was-the-new-testament-written

https://www.franciscanmedia.org/john-the-baptist-distinct-gospel-portraits/

http://www.bbc.co.uk/religion/religions/christianity/holydays/christmas_1.shtml

http://www.ncregister.com

www.biblicalarchaeology.org

https://thirdmill.org

www.baslibrary.org

https://catholicexchange.com

www.smithsonianmag.com

https://www.smithsonianmag.com/history/who-was-María-magdalene-119565482/

https://www.ancient.eu

https://kids.britannica.com

https://www.historytoday.com/archive/crusades/fourth-crusade-and-sack-constantinople

https://medievalchurch.org.uk/pdf/e-books/maclear/christian-missions-middles-ages_maclear.pdf

www.medievalchronicles.com

www.pewresearch.org

https://www.ancient.eu/Saladin/

www.pewforum.org

https://www.intellectualtakeout.org/article/5-causes-protestant-reformation-besides-indulgences

http://www.evidenceunseen.com/theology/ecclesiology/understanding-american-protestant-denominations/

https://www.christianpost.com/news/the-15-largest-protestant-denominations-in-the-united-states.html

https://sites.dartmouth.edu/ancientbooks/2016/05/24/medieval-book-production-and-monastic-life/

Notas

[i] http://www.papalencyclicals.net/pius09/p9ineff.htm

[ii] https://www.psephizo.com/biblical-studies/when-was-jesus-born/

[iii] https://www.britannica.com/biography/Jesus

[iv] Maclear, George Frederick, M.A. *A History of Christian Missions During the Middle Ages.* MacMillan and Co., Cambridge and London, 1863.

[v] https://www.pewforum.org/2011/12/19/global-christianity-exec/#_ftn1"

www.ingramcontent.com/pod-product-compliance
Lightning Source LLC
LaVergne TN
LVHW041646060526
838200LV00040B/1737